नेपाली क्रांति-कथा

नेपाली क्रांति-कथा

फणीश्वरनाथ रेणु

राजकमल प्रकाशन

ISBN : 978-81-267-1827-6

मूल्य : ₹395

पहला संस्करण : 1977
तीसरा संस्करण : 2024

प्रकाशक : राजकमल प्रकाशन प्रा.लि.
1-बी, नेताजी सुभाष मार्ग, दरियागंज
नई दिल्ली-110 002
शाखाएँ : अशोक राजपथ, साइंस कॉलेज के सामने, पटना-800 006
पहली मंजिल, दरबारी बिल्डिंग, महात्मा गांधी मार्ग, प्रयागराज-211 001
1, अनमोल सोराबजी संतुक लेन, धोबी तलाव, मरीन लाइंस, मुम्बई-400 002
वेबसाइट : www.rajkamalprakashan.com
ई-मेल : info@rajkamalprakashan.com

मुद्रक : बी.के. ऑफसेट
नवीन शाहदरा, दिल्ली-110 032

NEPALI KRANTI-KATHA
Reportage by Phanishwar Nath Renu

रेणु और मैं

बात 1937 की है। महीना मुझे याद नहीं। मैं अपनी पत्नी सुशीला के साथ अपने घर विराटनगर (नेपाल) जा रहा था। हमारी नई-नई शादी हुई थी। हम कटिहार से जोगबनी जानेवाली गाड़ी में सफर कर रहे थे। जोरों की वर्षा हो रही थी। एक स्टेशन से जब गाड़ी खुली तो देखता हूँ कि एक किशोर हमारे डब्बे के बाहर डंडी पकड़कर पाँवदान पर खड़ा है। गाड़ी साँय-साँय करती हुई द्रुतगति से दौड़ने लगी थी। वह युवक भीगकर पानी-पानी हो रहा था। हमारा डब्बा सैकेंड क्लास का था (उन दिनों का राजसी सैकेंड क्लास)। उस डब्बे में केवल हम पति-पत्नी थे। हम दोनों इसी उधेड़बुन में थे कि उस नितांत अपरिचित व्यक्ति को डब्बे के अंदर आने दिया जाए या नहीं। कहीं वह उचक्का तो नहीं है ? हो सकता है कि चोर हो और हमें एक प्रकार से निर्जन पाकर हमारी हत्या कर हमारा सामान लेकर चलता बने ! लेकिन सुशीला से रहा नहीं गया। उसकी सतही सही, उस समय की हालत पर तरस खाकर उसने डब्बे का दरवाजा खोल दिया। अंदर आने पर जब उसने देखा कि डब्बे में पति-पत्नी सरीखे केवल दो प्राणी हैं तो वह सकते में आ गया और सीट पर बैठने से कतराता रहा, लेकिन बैठने के लिए हमारे बार-बार के अनुरोध पर वह एक सीट पर दुबककर बैठ गया। सुस्थिर होते ही उसने अपना परिचय दिया और हमारा परिचय पूछा। पारस्परिक परिचय के बाद वह हम लोगों से इतना घुल-मिल गया कि वह हमारे साथ विराटनगर चला आया। विराटनगर आने के बाद वह हमारे घर पर ही रहने लगा। वह था हिंदी का यशस्वी कथाकार

फणीश्वरनाथ रेणु।

रेणु मुझे सांदाज्यु कहता था। नेपाली में सांदाज्यु का अर्थ होता है : बड़े भाई से छोटा लेकिन अपने से अग्रज। हम पाँच भाइयों में मातृकाप्रसाद कोइराला ज्येष्ठ हैं। हम अनुज उन्हें ठुलोदाज्यु अर्थात् बड़े भैया कहते हैं। उनसे छोटा मैं हूँ। अन्य तीन भाइयों में बड़ा होने के नाते मैं उनके लिए सांदाज्यु बना।

विराटनगर में मेरे पिताजी (स्व. कृष्णप्रसाद कोइराला, जो नेपाल के गाँधी कहाते थे और साधारणतया सभी उन्हें 'पिताजी' कहा करते थे) ने एक स्कूल खोला था जो नेपाल तराई का सर्वप्रथम स्कूल था। उसी स्कूल में रेणु भी दाखिल हुआ और उसकी प्रारंभिक शिक्षा वहीं हुई। मेरे एक छोटे भाई तारिणीप्रसाद कोइराला (अब स्वर्गीय) से रेणु की खूब जमती थी। दोनों में साहित्य के प्रति चाव था। दोनों साहित्य के रसिक प्रेमी यदा-कदा कुछ लिखते रहते थे। उस समय तारिणीप्रसाद की उम्र पंद्रह वर्ष की थी और रेणु भी समवयसी ही रहा होगा। तभी से एक समय का नितांत अपरिचित किशोर रेणु कोइराला-परिवार का एक अभिन्न सदस्य-जैसा हो गया और जीवन-पर्यंत रहा।

रेणु हिंदी का ही नहीं, बंगला साहित्य का भी मनोयोगी और रसग्राही पाठक था। उन दिनों वह विशेषतः सतीनाथ भादुड़ी की उफनती-फड़कती क्रांतिकारी राजनीतिक रचनाओं के प्रति बड़ा ही आसक्त था। उसी ने मुझे सतीनाथजी से मिलाया और उनकी रचनाओं को पढ़-पढ़ाकर रसास्वादन कराया। मेरी कुछ रचनाएँ हिंदी मासिक 'हंस' (उसके संपादक प्रेमचंद से मेरा परिचय हो गया था) और नेपाली मासिक 'शारदा' (काठमांडो) में छप चुकी थीं। रेणु मेरा साहित्यिक सहायक बना। बाद में उसने मेरी कुछेक नेपाली कहानियों का हिंदी में अनुवाद किया। पटना से स्व. रामवृक्ष बेनीपुरी द्वारा संपादित मासिक 'हिमालय' में मेरी एक नेपाली कहानी का हिंदी अनुवाद रेणु ने प्रकाशित कराया।

लेकिन सबसे बढ़कर रेणु मेरा छोटा भाई था। उसकी क्रांतिकारी प्रवृत्ति और अन्याय तथा दमन का विरोध करने की उग्रता मेरी ही जैसी थी। उसके विचार मेरे अपने जैसे लगते थे। वास्तव में वह मेरा ही था। वह

स्वतंत्रता का प्रचंड योद्धा था। नेपाल में प्रजातंत्र के हमारे संघर्ष में उसने हमसे कंधे से कंधा मिलाया। राणा-शासन को अपदस्थ करने के हेतु नेपाली कांग्रेस ने 1950 में जो सशस्त्र क्रांति छेड़ी थी, उसमें रेणु भी शामिल हो गया और मुक्तिसेना की फौजी वर्दी में मेरे साथ बंदूक लेकर मोर्चे पर कूद पड़ा। क्रांति के समय उसने नेपाली कांग्रेस के प्रचार-प्रकाशन तथा विराटनगर में स्थापित एक 'गैरकानूनी' आकाशवाणी के संगठन में महत्त्वपूर्ण भूमिका अदा की।

1935 से जब से मेरा परिचय रेणु से हुआ तब से हम घनिष्ठ ही रहे, यद्यपि बीच-बीच में हमारा संपर्क टूट जाया करता था। दिसंबर 1976 में आठ वर्षों के निरंतर आत्मनिर्वासन के बाद मैं स्वदेश लौटने की तैयारी कर रहा था। उसी सिलसिले में मैं पटना पहुँचा था, जहाँ से 30 दिसंबर को काठमांडो जाने का मेरा कार्यक्रम निश्चित हो गया था। लेकिन काठमांडो जाने के पहले मैं जैसे भी हो रेणु से मिलना चाहता था। पटना में अपने कुछ मित्रों से उसके बारे में पूछने पर मुझे पता चला कि वह एक स्थानीय अस्पताल में इलाज के लिए दाखिल हुआ है। उस समय रात के दस बज चुके थे। मैं उतावली में उसी समय उससे मिलने उस अस्पताल की ओर दौड़ पड़ा। ऐसे कुसमय में रोगी से मिलना अनुचित है, यह जानता था; पर दूसरे दिन प्रातःकाल ही काठमांडो के लिए प्रस्थान करना था इसलिए रेणु से मिलने का समय टालने की कोई गुंजाइश न थी।

अस्पताल में शय्यालीन रेणु को देखा। वह एक कंकाल बना हुआ था। डॉक्टर ने बताया कि वह कुछेक जानलेवा रोगों से ग्रस्त है, लेकिन मेरे लाख मना करने पर भी रेणु उठ बैठा और मेरे पाँव छूकर गोया कुछ खोई चीज पाकर गदगद् हो गया। उसने कहा कि 'मैं बीमार हूँ। अतः फिलहाल नेपाल के प्रजातांत्रिक संघर्ष में आपको सहयोग नहीं दे सकता। लेकिन मैं जल्द ही स्वस्थ होऊँगा। तब सारनाथ जाकर सुशीला भाउजू (भौजी) के साथ रहूँगा और उनकी सेवा करूँगा।' तब वहाँ उपस्थित दो-चार युवकों से मेरा परिचय कराते हुए कहा कि 'आप लोगों को कोइराला से प्रेरणा लेनी चाहिए। एक तो हम हैं कि अपने राजनीतिक अधिकारों के संघर्ष में मरने से डरते हैं और दूसरे कोइराला हैं कि उस संघर्ष का बीड़ा

उठाकर मृत्यु का आह्वान स्वीकार कर काठमांडो जा रहे हैं।' उसने मुझसे कहा कि उसकी अभिलाषा मेरे सारे लेखों का अनुवाद हिंदी में करने की है। यहाँ एक बात बतला दूँ : वह मेरे एक नेपाली उपन्यास 'नरेंद्र दाई' का अनुवाद हिंदी में कर चुका था और उसके प्रकाशन की व्यवस्था कर रहा था कि आपातृस्थिति लागू हो गई थी।

मई के आरम्भ में राजकाज अपराध-कानून के तहत आरोपित कुछ अभियोगों के लिए जब मुझे सर्वोच्च अदालत में पेश किया जा रहा था तो वहीं अदालत में मुझे 'दिनमान' की एक प्रति हठात् मिली जिसके आवरण पर रेणु की तसवीर छपी थी। तसवीर देखते ही मैंने वह अंक लपककर उठा लिया, लेकिन जब समाचार पढ़ा तो सन्न हो गया। वह रेणु की मृत्यु के विषय में था। उसकी मृत्यु से मुझे लगा कि मेरी एक बड़ी चीज खो गई है। कोई दूसरा समय होता तो मैं चाहता कि उस दुख को मैं मौन रहकर झेलूँ। लेकिन मैं अदालत में था, जहाँ मुझे अपनी ओर से सफाई देनी थी और अपने वकीलों तथा सरकारी पक्ष के वकीलों की बहस सुननी थी। मुझे जबरन प्रकृतिस्थ होना पड़ा। कोई भी अनुमान कर सकता है कि इसके लिए कितना आत्मसंघर्ष करना पड़ा होगा।

मेरे लिए रेणु मरा नहीं है। वह मेरे हृदय में जीवित है, हम कोइराला परिवार के सदस्यों के हृदय में जीवित है, हम प्रजातंत्र के सारे नेपाली या भारतीय सिपाहियों के हृदय में जीवित है। रेणु मर गया, लेकिन रेणु ज़िंदा है, अपनी ज़िंदादिली के लिए, अपने क्रांतिकारी विचारों के लिए, तानाशाही के विरुद्ध संघर्ष के लिए, अपनी जिजीविषा के लिए, अपनी सिसृक्षा के लिए...

—विश्वेश्वरप्रसाद कोइराला

एक

विराटनगर, ईस्टर्न कमांड का हेड क्वार्टर, पूर्वी मोर्चा...

अक्तूबर 1950 की एक सुबह, मुक्ति की संभावना का मधुर संदेशा दे गई, पशुपतिनाथ मंदिर के प्रांगण में वज्रनिनाद-स्वर में जयध्वनि हुई—"जय, पशुपतिनाथ की जय !"

जयध्वनि या मेघगर्जन ? मुक्ति की सूचना लेकर यह जयध्वनि मँडराती रही—पहाड़ों में, तराइयों में, नगरों और गाँवों में। राणाशाही के बंधन में युगों से जकड़ी हुई धरती—नेपाल की—विहँस पड़ी। देश के कोने-कोने में छाई हुई उदासी दूर हो रही है।

मुक्तिसेना के सिपाहियों के मुखमंडल पर सर्वदा एक अपूर्व आभा और ओठों पर मनमोहक मुसकराहट अंकित रहती है। विजयादशमी के दिन गुरुजनों के चरण छूकर नमस्कार करते समय इस बार ये इतना प्रसन्न क्यों हैं ?...माँ, इस बार रक्त का टीका लगा दो...पिताजी, आशीर्वाद दीजिए—देश की मुक्ति के लिए अपने को उत्सर्ग कर सकूँ...जय हो, विजय हो। बड़े-बूढ़ों की आँखों में प्रसन्न-आँसू ढलमलाते हैं—क्या हो गया है इन नौजवानों को ?...यो कस्तो पागलपन ?

मुक्तिसेना का एक-एक सिपाही—तैयार—प्रतीक्षा कर रहा है।

और भी कई दिन प्रतीक्षा में बीते। झिलमिलाती हुई दीपावली की रात आई। विराटनगर के अधिकांश घरों में इस बार 'दीपावली' और 'भाई दूज' का पर्व एक ही साथ मनाए जा रहे हैं। भाइयों ने जिद्द पकड़ी है—"इस बार दो दिन पहले ही 'टीका' लगा दो दीदी !"

शंखध्वनि हुई। दीपों की माला जगमगाई। 'भाई-टीका' देते समय स्नेहमयी बहनों ने अपने-अपने भाइयों की आँखों में न जाने कैसी चिनगारी देखी कि उनके मुँह से आशीर्वाद के ये दो शब्द स्वयं ही निकल पड़े—'जय नेपाल'।

नेपाली वधुओं ने अपने-अपने पतियों की 'खुकरी' को सिर से छुलाकर बिदाई दी—'जय नेपाल'।

मुक्तिसेना की पहली टुकड़ी, रात के सन्नाटे में—तराई, नदी-नाले और ऊबड़-खाबड़ खेतों को लाँघती हुई—विराटनगर शहर की ओर बढ़ी। गेर्रिला-युद्ध का श्रीगणेश हुआ। टुकड़ी के सभी मुक्ति-सैनिकों के मन में फौजी बैंड के ताल पर, एक ही गीत गूँज रहा है—नेपाली ! नेपाली !! आगि बढ़दै-बढ़दै जाऊ—क्रांति झंडा ले... ड्रम-ड्रम-ड्रम।

इनके प्रत्येक पदचाप पर धरती पुलक-पुलक उठती है। शहीद शुक्रराज, कृष्णप्रसाद कोइराला तथा अनगिनत-अनाम-अमर शहीदों की आत्माएँ शांत हुई हैं—पहली बार। नक्षत्रखचित आकाश में खलबली मची हुई, मानो...

हाल्ट !

विराटनगर शहर के बाहर एक क्षण के लिए टुकड़ी रुकी। अंतिम निर्देश : ट्रेजरी, मालखाना और जेल पर—एक भी गोली खर्च किए बगैर ही—निःशब्द कब्जा करना होगा। आवश्यकता पड़ने पर संगीन और रिवाल्वर से ही काम लेना होगा। यह हुआ पहला कार्यक्रम। दूसरा कामः मोरंग जिला के गवर्नर उत्तमविक्रम राणा के निवासस्थान पर धावा बोलकर गवर्नर तथा अन्य फौजी अफसरों को गिरफ्तार करना। इस धावे में हम खुलकर अपने हर हथियार का इस्तेमाल करेंगे।

टुकड़ी को दो हिस्सों में बाँट दिया गया।

गिरिजा और विश्वबंधु के नेतृत्व में एक दल स्कूल के मैदान में जा उपस्थित हुआ। दूसरे दल के दलपति हैं तारिणीप्रसाद और गेर्रिला-युद्ध के प्रशिक्षक भोला चैटर्जी। प्रथम दल को—ट्रेजरी, जेलखाना और सरकारी अफसरों के कैंप पर छापा मारकर कब्जा करना है...द्वितीय दल, अस्त्रागार, फौजी बैरक पर चढ़ाई करेगा।

मालखाना (अस्त्रागार) का संतरी मच्छरों के मारे परेशान है। वह 'भानुभक्त-रामायण' की पंक्तियों को गुनगुनाता हुआ बरामदे पर टहल रहा है–'लौ लंकापति तिम्रो यमदूत आयो... ' अचानक, टार्च की तेज रोशनी उसकी आँखों को चौंधिया देती है। सावधान होकर वह जब तक राइफल सँभाले, गेर्रिलो की चमकती हुई शाणित संगीनें उसे चारों ओर से घेर चुकी थीं–"चुप, न कराउ...चिल्लाओ मत।"

संतरी ने मुसकराकर हथियार सुपुर्द कर दिया। लगा, वह पहले से ही इसके लिए तैयार था।

अस्त्रागार में रक्षित राइफलों और बुलेटों के ढेर देखकर गेर्रिले किलक पड़े। इस्पात, ताँबे और निकेल के अस्त्र-शस्त्रों का अंबार ? लेकिन, उधर ट्रेजरी की बड़ी तिजोरी खुल नहीं रही है। चाबी बड़े हाकिम यानी गवर्नर के पास है।

"टूट नहीं सकती तिजोरी ?"

"जोरों की आवाज होगी।"

"गिरफ्तार संतरियों पर नजर रखो।"

"मालखाना का 'माल' सँभालो।"

ऐसी घड़ी में भी हँसानेवाली कोई ऐसी घटना घट सकती है कि आदमी हँसते-हँसते लोट-पोट हो जाए !

"अंधकार में यह कौन है...एकदम नंगा ?"

"एकदम नंगा नहीं, अंडरवियर है।"

"परम भूधराकार शरीरा...?"

खिलखिलाहट सुनकर डाँट पड़ी–"ए ! चुप...एक शब्द नहीं।"

जोगबनी के भावुक गुरुजी फेंकन चौधरी शुरू से ही कोइराला-परिवार के भक्त और नेपाली कांग्रेस के सक्रिय सहायक हैं। गेर्रिलों ने 'जय नेपाल' कहकर मार्च किया तो आप भी निहत्थे साथ चल पड़े। टुकड़ी के संचालक भोला चैटर्जी ने आपत्ति की–"सफेद खादी की धोती और यह सफेद गाँधी टोपी ? घने अंधकार में भी गोली ठीक आपके सिर में लगेगी।" किंतु गुरुजी ने मैथिली-भाषा में ही कहा–"जब गोलिये खाए लेल जायत छी त फेर माथ में लागौक चाहे पैर में–एक्के बात..."

मालखाना में समस्या खड़ी हुई—राइफल तो दो-दो या तीन-तीन भी लटकाई जा सकती हैं, कंधे से, किंतु इतने बुलेट ? कोई बोरी या झोली भी नहीं– "...अब कसरी कै गर्न...कैसे क्या हो ?"

"हे-हे लियौ, समस्याक समाधान !"-कहकर गुरुजी ने अपनी धोती खोल दी, "बाँधिए गठरी। इससे भी नहीं हो तो लीजिए, इस कुरते का झोला बना देता हूँ।"

जेल का संतरी सतर्क हो गया, शायद ? वह रह-रहकर विकट और विकृत स्वर में चिल्लाता है—'खबरदार, होय खबरदार !' इतना ही नहीं, वह अब निशाना लेकर तैयार है। दलपति ने ताड़ लिया। बस, सन्नाटे को चीरती हुई मुक्तिसंग्राम के सिपाही की 'पहली गोली' दगी—ठाँय। रिवाल्वर की गोली ने संतरी को सुला दिया।

फिर, सभी ओर चुप्पी। घुप्प अंधकार।

सभी काम 'बेखटके' हो रहे हैं। जेल का कपाट खुला। जेल के अंदर की काल-कोठरियाँ खुलीं। भगदड़, कोलाहल। और, लाख मना करने के बावजूद शुरू हुई जयध्वनि और नारे...

'कोइराला-निवास' के पूरब, मैदान में—अंधकार में ही सारी घटनाएँ घट रही हैं। उन्नत सिर 'कोइराला-निवास' मानो सबकुछ देख रहा है... कोइराला-निवास। जहाँ साठ-पैंसठ साल पहले एक महामानव ने एक विद्रोह की पहली चिनगारी जलाई थी। जिसके प्रत्येक कमरे में—न जाने कब से नेपाल की मुक्ति के सैकड़ों सपने देखे हैं, इसके निवासियों ने। और, आज जिसका प्रत्येक सदस्य मुक्तिसंग्राम का सशस्त्र सैनिक है।

'कोइराला-निवास' के उत्तर-पूर्व में है—उत्तमविक्रम राणा का निवासस्थान। विशाल मैदान के बीच ऊँची चारदीवारी से घिरा दुमंजिला बँगला। प्रवेशद्वार पर कई पुराने, ऊँचे पेड़...

अचानक, एक पेड़ की फुनगी से, 'सर्च-लाइट' की रोशनी सामने के मैदान के अंधरहस्य को खोल गई। मुक्ति-सैनिकों के दोनों दल इसी मैदान में एकत्र हैं...

"लेट जाओ सभी। रेंगते हुए आगे बढ़ो।"

सुशिक्षित गेर्रिले रेंग-रेंगकर आगे बढ़ने लगे। एक बार सर्च-लाइट की

रोशनी फिर नाच गई, मैदान में।

—ट-ट-ट-ट; ट-ट-ट-ट...

राणाशाही-ब्रेनगन आग उगलने लगी—अविराम।

पूरब, फौजी बैरक में खतरे का बिगुल आर्तनाद कर उठा।

विराटनगर शहर कच्ची नींद से अचकचाकर जगा। फिर, घंटों सिर्फ गोलियाँ बोलती रहीं—ट्रट ठाँय-ठाँय...धाँय-धाँय। ट-ट-ट-ट-ट-ट... ठाँय-ठाँय...

—विकू ! लेट जाओ भैया। लेटे रहो।

—फ्लास्क से पानी ढालकर विकू को पिला दो।

—निशाना—पेड़ पर...

—सुँ-ई-ई...ठाँय। सुँ-ई-ई...ठाँय-ठाँय...

राणाशाही की धाराप्रवाह गोली-वर्षा का जवाब, मुक्तिसेना की बंदूकें तुतला-तुतलाकर दे रही हैं, मानो—'हम डटे हैं।'

—किसे गोली लगी ? राइफल ले लो उससे।

—गिरिजा को कारतूस चाहिए...

सर्च-लाइट की रोशनी, काली नागिन की लपलपाती हुई जीभ की तरह, रह-रहकर अंधकार को चीरकर नाच जाती है। अब, ऐसा लगता है कि एक भी मुक्ति-सैनिक बचकर नहीं लौटेगा। अब तक सामने से ही गोली की वर्षा हो रही थी। इस बार पीछे से बैरक के फौजियों ने फायरिंग शुरू कर दी है...

मुक्तिसंग्राम की एकलौती स्टेनगन धुआँधार, जवाबी फायरिंग करती हुई गरम हो गई है। जलते हुए बारूद की उत्कट गंध सारे वायुमंडल में फैलती जा रही है।

डेढ़ इंच की गोली—थ्री-नाट-थ्री की—सनसनाती हुई गिरिजा की कनपटी के पास से गुजर गई। मौसेरा भाई विकू चिल्लाया—"गिरिजा, सिर धरती पर..." किंतु दूसरी गोली विकू की जाँघ को चीरती हुई धरती में धँस गई। सामने की पंक्ति में लेटकर राइफल चलानेवाले बहादुर साथी बलबहादुर की निष्प्राण देह लुढ़ककर गिरिजा को ढँक लेती है। अमर शहीद कृष्णप्रसाद कोइराला का सबसे छोटा बेटा, नेपाली कांग्रेस के सभापति

मातृकाप्रसाद का और मुक्तिसेना के ईस्टर्न कमांड वी. पी. कोइराला का सबसे प्यारा छोटा भाई गिरिजा देख रहा है—गोलियों से बलबहादुर की लाश छलनी हो रही है... अब शायद उसकी बारी हो...

—ट-ट-ट-ट-ट-ट-ट; ट-ट-ट-ट-ट-ट-ट...

मुक्तिसेना के दलपति ने पीछे हटने का आदेश दिया, किंतु पीछे हटा जाए कैसे ? लगता है, चारों ओर से गोलियाँ चल रही हैं।

उत्तमविक्रम के फौजियों ने रात भर फायरिंग जारी रखी। डेढ़-दो घंटे तक मुकाबला करने के बाद गेर्रिले पीछे हट गए।

विराटनगर से पूरब, सिंघिया नदी के किनारे सभी गेर्रिले एक-एक कर एकत्र हुए। एक साथी नहीं लौटा। वीर बलबहादुर शहीद हो गया। तीन मुक्ति-सैनिकों को गोली लगी है। एक की अवस्था चिंताजनक है। तीनों की मरहम-पट्टी की गई।

घायलों को लादकर पूर्वनिश्चित योजना के अनुसार सभी रँगेली बाजार की ओर चल पड़े—निःशब्द।

पराजय की ग्लानि, पैर पीछे हटाने की लज्जा और मुक्तिसेना की सारी चेष्टाओं को अपमानित करती हुई राणाशाही-ब्रेनगन की आवाज—ट-ट-ट-ट-ट-ट-ट—मानो, मुँह चिढ़ा रही हो—वाह रे पटाखेबाजो !

शहीद बलबहादुर, जो 1946 के ऐतिहासिक मजदूर आंदोलन में, सत्याग्रहियों में नाम लिखाने के बाद अचरज से पूछ बैठा था—"यह कैसी लड़ाई है, बाबा ? राणा का सिपाही हमको गोली से मारेगा और हम सिर्फ 'जिंदाबाद' बोलेगा ? नहीं भरती होना है, ऐसी लड़ाई में... "

इस बार जब उसे मालूम हुआ कि बंदूक का जवाब बंदूक से दिया जाएगा तो वह हँसता हुआ आया—"मुक्तिफौज में मेरा नाम लिख लिया जाए।"

एक बूढ़ी माँ और पाँच वर्ष के एक पुत्र को नेपाल के किसी पहाड़ी गाँव में छोड़कर—हँसता हुआ चला आया बलबहादुर। मरते-मरते उसने कई साथियों के प्राणों की रक्षा की। कल शाम को चाय पीते समय उसने एक पहाड़ी गीत सुनाया था जिसका भावार्थ इस प्रकार है : 'युद्ध के मैदान में मरनेवाले सीधे स्वर्ग पहुँचते हैं ? मेरी राह रोककर कौन खड़े हैं ? पिता ? माँ ? स्त्री ? पुत्र ? मैं किसी को नहीं पहचानता। सभी हट जाओ मेरी

राह से। मेरी आत्मा सीधे स्वर्ग पहुँचने के लिए मचल रही है।'

उसके साथी नरबहादुर के हाथ में गोली लगी है। मैदान से हटने में उसे देर हो गई। ब्रेनगन की गोलियों की वर्षा के बीच वह अपने बचपन के साथी बलबहादुर की मृत देह को बहुत देर तक ढूँढ़ता रहा। उसने कहा था—'यदि मैं लड़ाई में काम आ जाऊँ तो मेरी खुकरी मेरी माँ के पास पहुँचा देना—एकलौते बेटे के लिए अमूल्य धन।'

सभी मुक्ति-सैनिकों के अंदर एक तूफान चल रहा है। सभी चुप हैं। चुपचाप चल रहे हैं, ओस से भीगी हुई पगडंडी पर।

एक साहित्यिक और रसिक मुक्ति-सैनिक इस असह्य चुप्पी को तोड़ता है—"आज एक कहावत का जन्म हुआ : जो जीते सो गोलंदाज, जो हारे सो पटाखेबाज !"

बात वाजिब जगह पर जाकर लगी। जले पर जान-बूझकर नमक छिड़कना इसी को कहते हैं—"जनाब ! अपनी शायरी रखिए अभी !"

"मैं शायरी करता हूँ ? मैं पूछता हूँ, भागने का हुक्म क्यों दिया गया ?"

"भागने का हुक्म ? कैसा जंगली है ? 'रिट्रीट' को भागना बोलता है ? अपने बहादुर साथियों को 'पटाखेबाज' कहता है ?"

"रिट्रीट ही सही। किसने हुक्म दिया पैर पीछे हटाने का ?"

"क्यों ? मैंने।"

"तो, इसी स्टेनगन से सभी साथियों को यहीं समाप्त कर दीजिए। हम किस मुँह से लौटकर जाएँगे ?...मेरा जी करता है, इसी रिवाल्वर से अपना काम तमाम कर लूँ।"

"सेंटिमेंटल फूल !"

हठात्, कड़कता हुआ फौजी कमान—"गेर्रिलाज ऑफ़ नेपाल लिबरेशन आर्मी—अटेंशन !"

गेर्रिला-युद्ध का शिक्षक भोला चैटर्जी कहता है : हम पराजित नहीं हुए हैं। इतने अस्त्र-शस्त्र, गोला-बारूद, कारतूस हमें प्राप्त हुए। दो घंटे तक हमने दुश्मन के ब्रेनगनों का मुकाबला किया...

कुछ भी कहे भोला चैटर्जी। मनोबल नाम की चीज, जरा सी बात में बनती और बिगड़ती है...

'बेस-कैंप' से 'बेतार-संवाद' प्रेषित करते समय ऑपरेटर लंबी और ठंडी साँस लेता है—पहला ही संवाद उत्साहभंजक ?

संवाद भेजने के बाद ऑपरेटर लामा दुश्मन के 'बेतार-संदेश' 'इंटरसेप्ट' करने में व्यस्त हो जाता है...उत्तमविक्रम राणा तैश में झूमता हुआ संदेश दे रहा है, प्रधानमंत्री ('तीन सरकार') मोहन शमशेर जंगबहादुर राणा को। दिल खोलकर हँस रहा है उत्तमविक्रम। हज़ोर यो बोलाहे को कांग्रेसी कुत्ता हरू...इन पागल (कांग्रेसी) कुत्तों के लिए हमारे बैरक के जवान ही काफी हैं। चिंता न करें। सब ठीक-ठाक है...

विराटनगर के निवासियों ने 'दुहाई पशुपतिनाथ' रटकर रात काटी। भोर को राणाशाही ब्रेनगन चुप हुई तो फौजी जीपों की गुर्राहट, फौजियों की भारी बूटों की भड़भड़ाहट और क्रुद्ध फौजी अफसरों की कर्कश कंठ-ध्वनियाँ—सब मिलकर नगर की गली-गली को कँपाने लगीं—भटभट भट-भर्र—कड़प-कड़प, कड़प-कड़प...ए-बा-ठा-न ! बा-य-ने-ट कि-का !! ...लोड ! फायर !

उत्तेजित फौजियों को आम हुक्म दे दिया है कर्नल उत्तमविक्रम राणा ने। हर घर को घेरकर तलाशी ली जा रही है। मार-पीट, लूटपाट और गिरफ्तारी...औरतों और बच्चों का सम्मिलित रुदन, घायलों की चीख-पुकार से आकाश भर रहा है। सड़कों पर अमानुषिक अत्याचार के हृदयविदारक दृश्यों को देखकर सुबह का सूरज सिहर-सिहर जाता है।

नेपाली कांग्रेस के, छोटे-बड़े सभी सदस्यों के नाम 'मौत का परवाना' जारी कर दिया गया है—"देखते ही गोली मार दो !" किंतु, दोपहर तक सारे नगर को छान डालने के बाद भी नेपाली कांग्रेस का कोई सदस्य नहीं पकड़ा गया। एक बच्चा भी नहीं।

कर्नल ने कहा—"उनकी औरतों से कहो, अपने-अपने घरवालों को दो दिन के अंदर हाजिर करें। नहीं तो औरतों को ही 'धुन' दिया जाएगा अर्थात् कैद किया जाएगा...सबकुछ किया जाएगा।"

परिवार के बच्चों और बीमारों को रात में ही निरापद स्थान में भेजने के बाद, 'सानो आमाँ' (श्रीमती दिव्या कोइराला) अकेली बैठी हैं, 'कोइराला-निवास' के एक कमरे में—अपने इष्टदेव के विग्रह के सामने।

किंतु रह-रहकर 'जाप' में बाधा पड़ती है। ध्यानमंदिर में 'परमगुरु' की प्रतिमा आज प्रतिष्ठित नहीं हो पा रही। बार-बार गिरिजा का मुसकराता हुआ मुखड़ा आँखों के आगे मूर्त हो जाता है। कानों के पास उसकी मीठी पुकार प्रतिध्वनित हो जाती है—आमाँ ! म आयें...कौन ? किसने पुकारा ? को हो ?...कोई नहीं ? भ्रम या मेरा बेटा रात की लड़ाई में देश की मिट्टी को 'प्यारा' हुआ ?

माँ का हृदय हाहाकार कर उठता है। वह दौड़ी हुई परमगुरु स्वर्गीय पति, कृष्णप्रसाद कोइराला की तसवीर के पास आती है और धड़ाम से गिर पड़ती है—"बल दो प्रभु ! शक्ति दो... हुजूर ! तुम देखते रहना—तुम्हारे सभी बच्चे-बच्चियाँ लड़ाई के मैदान में हैं।"

सानो आमाँ सुनती हैं, वे कह रहे हैं—"तुम्हें बार-बार अपने बच्चों की ही याद क्यों आती है ? नेपाल-जननी के इतने बच्चे अपनी जान देने आए हैं। उनकी याद नहीं आती ?"

"आती है हुजूर, आती है, नहीं तो, यहाँ बैठी क्यों हूँ ?"

'कोइराला-निवास' के चारों ओर घेरा डालकर बैठे हुए सिपाहिय। अचरज होता है—निवास के अंदर पाँव रखने का साहस किसी अफसर में नहीं...कौन जाए ? वहाँ बैठी गुर्रा रही होगी—सिंहनी माँ ! 1946 के मजदूर-आंदोलन के समय की झिड़कियाँ अफसरों को याद हैं—"लाज नहीं आती ? बड़े अफसर हो ? संसार के किसी सभ्य देश के नगण्य-नागरिक के सामने भी सिर ऊँचा कर सकोगे कभी ? स्त्रियों से बात करना नहीं जानते ? कैसी शिक्षा दी है तुम्हारे राणा-पिताओं ने ?"

"सानो आमाँ ! सानो आमाँ खोया ?...कहाँ हैं माताजी ?"

रोती, छाती पीटती औरतों की टोली आई—"खोय, मेरो छोरो (बेटा) खोय ? मेरा लोग्ने (पति) खोय ? सानो आमाँ !"

बताओ, माताजी ! मेरा बेटा कहाँ है ? कहाँ है मेरा स्वामी ?... माताजी, तुम्हारे लड़कों ने मेरे भोले-भाले भाई को बहकाकर हमारा सत्यानाश कर दिया...फौजियों के हाथ से हमें कौन बचाएगा ? कौन हमारे सतीत्व की रक्षा करेगा ?

पाँच-पाँच शेर बच्चों की माँ—नेपाल की इस महिमामयी माता का

गला भर आया—"तुम मुझसे पूछने आई हो ! लेकिन, मैं किससे पूछूँ कि मेरे बच्चे कहाँ हैं ? कौन बताएगा कि मेरे बच्चे जीवित हैं या काल के गाल में चले गए ?...यह देश, नेपाल-माता भी यही सवाल पूछती है—कौन बचाएगा मुझे ? मैं पूछती हूँ, क्या तुम्हारे घर में कलछी, छनौटा, सड़सी, दाब, खुकरी, कुल्हाड़ी, कुदाल कुछ भी नहीं ? सेफ्टीपिन और बाल में खोंसनेवाले काँटे तो हैं..."

औरतों की टोली में दनुजदलिनी दुर्गा आकर खड़ी हो गई मानो। नेपाल की ललनाएँ प्रतिज्ञा करती हैं : 'राणाशाही जुल्म और अत्याचार का डटकर मुकाबला करूँगी। सिर नहीं झुकाऊँगी।'

थकी-हारी, मुक्तिसेना की पहली टुकड़ी विराटनगर से सात कोस पूरब रँगेली बाजार में विश्राम कर रही है। रँगेली की जनता के उत्साह, आतिथ्य और देशभक्ति के भाव से मुक्ति-फौजियों को अपार बल मिला है।

'बेस-कैंप' से संदेशवाहक आया है...रात के संघर्ष में, एक दर्जन से भी अधिक राणाशाही फौजी मारे गए हैं...अंधाधुंध गिरफ्तारियाँ हो रही हैं। सभी मिलें बंद हैं। सारा शहर वीरान है।

और सबसे उत्साहवर्धक समाचार : हेड क्वार्टर से बेतार-संवाद आया है—मित्र-देश से आनेवाला अस्त्र-शस्त्र इस मोर्चे पर—यानी ईस्टर्न कमांड में शीघ्र ही पहुँचनेवाला है। सिंगापुर, मलाया और बर्मा के प्रवासी नेपाली, गुर्खे सैकड़ों की संख्या में इस मुक्तियुद्ध में शरीक होने के लिए आ रहे हैं।

हिमालय एयरलाइंस का विशेष वायुयान मित्र-देश से चल चुका है। उसे कहाँ उतारा जाए ? हवाई जहाज कुछ ही क्षण में भारत पहुँच जाएगा। हिमालय एयरलाइंस के कर्ता-धर्ता महावीर शमशेर कलकत्ते में परेशान हैं। बार-बार वह सुवर्ण शमशेर से पूछ रहे हैं—"हवाई जहाज कहाँ उतारा जाए ?" सुवर्णजी, महावीर शमशेर को समझाते हैं—"पटना से अभी देवेंद्र बाबू का ट्रंक आएगा...लीजिए, आ गया ट्रंक..."

मित्र-देश से 'सामान' लेकर आते हुए विशेष वायुयान को 'गुप्त बेतार

यंत्र से सूचना दी जा रही है : रोबट...रोबट...दिस् इज पीटर कालिंग रोबट ...हैलो रोबट...यस...डाइवर्ट, टवाईस...डाइवर्ट वेस्ट पैटना स्ट्राइप—ओवर।

विशेष वायुयान में बैठा मुक्ति-सैनिक नक्शे पर निगाह दौड़ा रहा है। वह पूछता है : हैलो पीटर, पीटर...वेस्ट ऑफ पैटना...डू यू मीन बिहटा ? ...ओवर।

दो

'बेस-कैंप' से आए हुए संदेशवाहक ने और भी कई महत्त्वपूर्ण सूचनाएँ दीं : 'वी. पी.' गोरखपुर की ओर–नेपाल-भारत सीमा के इलाके का भ्रमण करके पटना लौट आए हैं। सुवर्णजी कलकत्ता में बैठकर काठमांडो की गतिविधि परख रहे हैं, अस्त्र-शस्त्र का प्रबंध कर रहे हैं। गणेशमानसिंह को जिस उद्देश्य से काठमांडो भेजा गया था–उस योजना को कार्यान्वित करने के लिए, फिर किसी साहसी साथी को भेजना आवश्यक है। महाराजाधिराज से संपर्क स्थापित करने के पहले ही गणेशमानजी गिरफ्तार हो गए। कल से नेपाल कांग्रेस की आवश्यक और विशेष बैठक हो रही है।

सबकुछ सुनकर भग्न मनोबल गेर्रिलों की रक्त-धमनियों में फिर उष्ण लहरी आई। तुरंत, 'एक्शन कमेटी' बैठी। तुरंत फैसला लिया गया–"आज रात को ही पूर्वी तराई के दूसरे प्रमुख नगर 'झापा' पर छापा..."

दोपहर के भोजन के बाद, केशवप्रसाद कोइराला के नेतृत्व में मुक्तिसेना के सिपाहियों ने झापा के लिए कूच किया।

तराई के पशु-पक्षियों ने अचरज से देखा–ये बंदूकवाले किस जानवर के शिकार में निकले हैं ? सरपट दौड़ रहे हैं तराई के बीहड़ पथ पर ? एक मूर्ख बाघ से नहीं रहा गया, शायद। अचानक गुर्राकर झपटा। गेर्रिलों की गति में बाधा पड़ी, जरा। फिर, पलक मारते ही रास्ता साफ हो गया। तराई के पशु-पक्षियों को फिर अचरज हुआ : ये कैसे शिकारी हैं ? मृत शिकार को यों ही उपेक्षित, असुरक्षित छोड़कर चले गए।

विराटनगर की चढ़ाई की उड़ती हुई खबर अफवाहों के रूप में झापा

तक पहुँच चुकी थी। दिन भर उत्तेजना और आशंका-भरी बातें कह-सुनकर झापा के नागरिक रात को गहरी नींद में सोए हुए थे। स्थानीय सरकारी अधिकारियों, फौजी अफसरों को विश्वास है, यह सारी गड़बड़ी और 'गोलमाल' विराटनगर तक ही है। यहाँ कोई खतरा नहीं।

नेपाली कांग्रेस के स्थानीय कार्यकर्ता से आवश्यक सूचना प्राप्त करने के बाद टुकड़ी के नायक के. पी. कोइराला ने एक गेर्रिले को चुपचाप कोई आदेश दिया। गेर्रिला धरती पर पेट के बल लेटकर रेंगने लगा—रेंगता हुआ चला गया, ट्रेजरी तक।

तराई के घने अंधकार में—पेड़ की फुनगियों पर कैसी लाली छा रही है ? लाली बढ़ती ही जाती है... आग ?

आग ! आग लगी है आग... !!

तुमुल कोलाहल-कलरव के बीच झापा ट्रेजरी धू-धू कर जल रही है। अब बैरक में भी आग लग गई ? कैसे लगी आग ? आग, आग ! दौड़ो—बुझाओ—बचाओ !!

जय नेपाल !

जनता रुक गई। जनता समझ गई, यह जनक्रांति की आग है। इसको बुझाने के बदले इसमें घी डालना ही जनता का पुनीत कर्तव्य है। भाइयो ! यह राणाशाही मेधयज्ञ है—आहुति डालो इसमें। सदियों से नेपाल की छाती पर तैठकर रक्त चूसनेवाली राणा सरकार का नाश हो।

झापा का बड़ा हाकिम (गवर्नर) क्या करे ? पहले आग बुझाए या पहले... ? पहले आग बुझाओ ! हुक्म हुआ।

राणाशाही पलटन के जवान, राइफल रख, बालटी और घड़े लेकर दौड़े आग बुझाने। आग बुझानेवाले और आग लगानेवाले—एक देश के लोग। एक ही बोली उनकी। इसलिए आग लगानेवालों की बात उनकी बुद्धि में तुरंत आ गई—नहीं ! इस आग को बुझाना सचमुच पाप है। आग बुझानेवाले कई सिपाहियों ने बालटी रख दी—"दाज्यु भाई हो ! देशवासियो ! मत करो प्रतिरोध। इस बर्बर, जालिम सरकार की रक्षा हम क्यों करें ?—चलो, चलो !! जो घर जारे अपना, चले हमारे साथ।

राणा के इन पलटनों ने एक स्वर में कहा—जय नेपाल !!

अस्त्रागार से अस्त्र-शस्त्र और ट्रेजरी से खजाना निकालने में इन्हीं

नए गेर्रिलाओं ने आगे बढ़कर सहायता की।

आकाश को छूती हुई, लपलपाती लपटें।

फायर ! बड़ा हाकिम अपनी मूर्खता पर बौखलाया—सामने की झाड़ी के उस पार !

इसके बाद शुरू हुआ दोनों ओर से गोलियों का आदान-प्रदान। दोनों ओर से एक खास तर्ज और ताल पर गोलियाँ दगने लगीं। कल रात की लड़ाई और आज की लड़ाई में कुछ अंतर है। आज मुक्तिसेना के जवान अधिकारपूर्वक अस्त्र-संचालन कर रहे हैं। कल दुश्मन के पास ब्रेनगन थी। आज गेर्रिलों के पास स्टेनगन और मौजर हैं। इसलिए आज की लड़ाई का सुर-ताल भिन्न है।

गेर्रिले रात भर डटे रहे। रात भर ही नहीं—दूसरे दिन भी वे घेरा डाले रहे। तीसरे पहर दलपतियों ने अपने साथियों को 'रिट्रीट' करने का संकेत दिया और तब देखा गया कि दशरथ के एक हाथ की हड्डी चकनाचूर हो गई है, किंतु वह राइफल थामे हुए है। बनारस विश्वविद्यालय का छात्र दशरथ चौधरी अपने मित्र विश्वबंधु के लिए, विश्वबंधु के देश की मुक्ति के लिए जान दे सकता है। जान देने के लिए ही वह आया है।

दो मुक्तिसेनानी के प्राण यहाँ की धरती की गोद में भी जुड़ाए। 'बेस-कैंप' में लौटकर मुक्ति-सेनानियों ने सुना—हेड क्वार्टर से बेतार-संदेश आया है : कल ही वर्किंग कमेटी की आवश्यक बैठक है। मित्र-देश से आए हुए अस्त्र-शस्त्र को हर मोर्चे पर पहुँचाने की शीघ्र ही व्यवस्था हो रही है। सुवर्णजी, सूर्यप्रसाद उपाध्याय, वी. पी. और महेंद्रविक्रम शाह—विभिन्न अंचलों का दौरा समाप्त करके आज ही हेड क्वार्टर पहुँच रहे हैं। मलाया, बर्मा, सिंगापुर और कोहिमा के मोर्चों पर लड़ते हुए अनेक अनुभवी गुर्खों ने स्वेच्छापूर्वक इस संग्राम में भाग लेने की इच्छा प्रकट की है। पूर्वी मोर्चे के दलपतियों के साथ 'प्रचार-अधिकारी' की भी बुलाहट है, हेड क्वार्टर में—विशेष बैठक के सामने 'विराटनगर-झापा' की छापामारी की रपट प्रस्तुत करने के लिए।

बिकू तथा अन्य घायल साथियों को पटना भेज दिया गया है। दलपतियों के साथ पूर्वी मोर्चे के प्रचार-अधिकारी धड़कते हुए दिलों से हेड क्वार्टर की ओर चल पड़े—पता नहीं, 'हाई कमान' का क्या रुख हो। सभापतिजी

और देवेंद्र बाबू तो अप्रसन्न नहीं हैं, किंतु सुवर्णजी और वी. पी. ?

नवंबर 1950 ! ! नेपाल के इतिहास में चिरस्मरणीय रहेगा।

पटना के दैनिक पत्रों में विराटनगर और झापा की चढ़ाई के समाचार पढ़कर, नेपाली कांग्रेस के सभापति मातृकाप्रसाद कोइराला के अभिनंदन और जनक्रांति के समर्थन में–पटना के प्रवासी नेपालियों ने एक विशाल सभा का आयोजन किया। और, जब सभा समाप्त हुई तो सैकड़ों प्रवासी नेपाली मुक्तिसेना में नाम लिखा चुके थे–छात्र, डॉक्टर, व्यापारी, बुद्धिजीवी, पत्रकार, श्रमजीवी–सभी वर्ग के नेपाली।

विराटनगर और झापा पर चढ़ाई के इस चमत्कारपूर्ण प्रभाव को देखकर स्वयं विराटनगर और झापा के दलपतियों को भी अचरज हुआ। प्रचार-अधिकारी साहित्यिक गेर्रिला ने मुसकराकर अपनी गलती स्वीकार की–"कामरेड चैटर्जी, आपने ठीक ही कहा था, संघर्ष असफल नहीं होता कभी।"

नहीं, कोई अप्रसन्न नहीं। एक-एक करके सभी शीर्षस्थ नेता आए। कमांडर-इन-चीफ मेजर सुवर्ण शमशेर, ईस्टर्न कमांड के चीफ वी. पी. कोइराला–सभी प्रसन्न हैं। काशी में भी प्रवासी नेपालियों ने इस संवाद को सुनकर एक बड़ी सभा की। वहाँ भी भरती हुए हैं सैकड़ों नेपाली युवक।

"पाइते साथी हरु कस्तो... घायल साथियों का क्या हाल है ?"–सुवर्णजी ने पूछा।

"दुश्मन को एक दिन भी चैन मत लेने दो–गेर्रिला-युद्ध की यह पहली शर्त है। और तराई से लेकर पहाड़ियों के एक-एक गाँव तक मुक्ति फौज का संदेश जितना शीघ्र हो पहुँचाने की व्यवस्था, धुआँधार प्रचार... "

अचरज की बात ! जिस नेपाल में राणाशाही की नजर में 'हिंदी टाइपराइटर मशीन' रखना जुर्म हो और उसकी सजा आजीवन कारावास, गाँधीजी से मुलाकात करने की सजा कठोर कालकोठरी की यातना (और...एक बार एक कृषि-विशेषज्ञ ने 'मकई की खेती' शीर्षक अपने लेख में एक ऐसी पंक्ति लिख दी कि उसे भयानक खूँखार व्यक्ति समझकर राणाशाही ने उसको तुरंत गिरफ्तार करके जेल में डाल दिया। वह पंक्ति है : "यह

दुख की बात है कि नेपाल के सभ्य और श्रेष्ठवर्ग के लोग 'विदेशी कुत्ते' पालने में जितनी दिलचस्पी लेते हैं उसका शतांश भी यदि 'देसी खेती' में...")—उसी नेपाल में आधुनिक 'साज-सरंजाम' से लैस 'मुक्ति-युद्ध' के गेर्रिले मैदान में उतर पड़े हैं—वायरलेस, वायुयान, आटोमैटिक अस्त्र-शस्त्र।

गेर्रिले दलपतियों को लेकर नेपाली मुक्तिसेना का 'बौनेनजा' उड़ा—पूर्वी मोर्चे की ओर झापा, रँगेली, विराटनगर, धरान, धनकुट्टा, सप्तरी, महोत्तरी, राजविराज की आबादी में—आकाश से इन परचों को बरसाना होगा...मुक्तिसेना के सर्वाधिनायक तथा नेपाली कांग्रेस के सभापति का सन्देश...देशवासियों के नाम, राणाशाही के निरीह सिपाहियों के नाम—"दाज्यु भाई हो। तपाई को कर्तव्य...आपका कर्तव्य...आपकी अग्नि-परीक्षा की घड़ी।"

नेपाली कांग्रेस के हेड क्वार्टर, पटना में बहुत रात तक कार्यकारिणी बैठी रही। सभी न जाने क्यों तनिक चंचल हैं।

सुवर्णजी ने सोने के पहले 'बेतार यंत्र' के ऑपरेटर से दरयाफ्त किया—"कोई संवाद नहीं है ?"

"जी नहीं।"

"यह संवाद कलकत्ता भेज दो। और, देखो। काठमांडो को जगाए रखो। बीच-बीच में मैसेज के लिए पूछो।"

6 नवंबर की वह रात !!

उधर, 'काठमांडो पैलेस', 'नारायणहिटी-दरबार' की एक दीवार पर एक धुँधली 'सिलुएट' (छाया) उभरती है—चंचल छाया। कई छायाएँ स्त्री-पुरुषों की। उत्सुक-आकुल-आतंकित प्रतीक्षा के भाव, सभी छायाओं के कंपन से स्पष्ट हैं। सारा वातावरण थमा-थमा-सा। रुकी-रुकी-सी घड़ी। फिर, एक संकेत भरी सिसकारी हवा में हौले-हौले सिहरन की सृष्टि कर गई। छायाएँ सतर्क मुद्रा में इधर-उधर ताकती हैं !

पशुपतिनाथ मुसकराए। दक्षिण काली ठठाकर हँस पड़ी !! सोया हुआ मोहन शमशेर—कोई भयानक सपना देखकर चीख पड़ा ??

फिर, सबकुछ 'फेड-आउट !...'

रात का तीसरा पहर। जमा देनेवाली सर्दी और हिमपात में भी—काठमांडो स्थित नेपाल कांग्रेस के 'गुप्त बेतार केंद्र' के ऑपरेटर की देह में एक अजीब-सी गरमी दौड़ गई है। वह पागलों की तरह 'पटना' को बुला रहा है, 'फ्रिक्वेंसी' अदल-बदलकर पुकारता जा रहा है—"हैलो वाल्ट डिजनी-वाल्ट डिजनी-डिजनी—इलियट कालिंग वाल्ट डिजनी—येस—ग्रेट न्यूज—'ठुलो खबर'—हाँ—महाराजाधिराज त्रिभुवन—किंग त्रिभुवन—किंग—'के' फार काठमांडो—'आइ' फार इंडिया—'एन' फार नेपाल—'जी' फार गैनूजेज—अपने पूरे परिवार के साथ इंडियन-एंबेसी में चले गए हैं—सकुशल। मोहन शमशेर पागल हो गया है। क्राउन प्रिंस के तीन वर्षीय पुत्र को आज ही रात गद्दी पर बैठाने की बात सोच रहा है—प्राइममिनिस्टर के भाई-भतीजे इंडियन एंबेसी पर चढ़ाई करने की सलाह दे रहे हैं। काठमांडो की हर सड़क पर फौजी तैनात हो रहे हैं—बस, अभी इतना ही। जय नेपाल—ओवर।"

पटना स्थित गुप्त बेतार केंद्र का ऑपरेटर परेशान है। सभी उसके सिर पर सवार हैं—एम. पी., वी. पी., सुवर्णजी, देवेंद्र बाबू, सुशीला कोइराला—संवाद सुनकर सभी दौड़ आए हैं। काठमांडो से और भी कई बातें पूछनी हैं—"हैलो इलियट... वाल्ट डिजनी कालिंग इलियट...।'

कोई जवाब नहीं ?

"स्थानीय संवाद-सूत्रों से पूछो।"

"हैलो पी. टी. आई. ? काठमांडो की कोई खबर... ?"

"कौन ? देवेंद्र बाबू ? अरे, ग्रेट न्यूज़ ! गजब खबर !!..."

तत्क्षण—ब्राह्मवेला में—वर्किंग कमेटी बैठ गई। दिल्ली के मित्रों को ट्रंक की लंबी घंटी घनघनाकर जगाया गया—"क्यों भाई, दिल्ली का क्या रुख है ?"

"किंग को लाने की व्यवस्था की जा रही है।"

"कोई विशेष संवाद ?"

"सरदार का बयान सूरज उगने के पहले ही अखबारों के मुखपृष्ठ पर साया हो जाएगा। बयान नहीं, बम है बम !!"

मुक्तिसेना के प्रचार-अधिकारी को दो घंटे के अंदर ही वी. पी. का एक 'प्रोफाइल' प्रस्तुत कर संवाद-सूत्र को देना है। वह सोच रहा है—कहाँ से शुरू किया जाए ?—किस शैली में प्रस्तुत किया जाए ? उसे याद आती हैं, स्वर्गीय कृष्णप्रसाद कोइराला (जो सारे नेपाल में 'पिताजी' के नाम से पुकारे जाते थे) के मुँह से सुनी हुई अनेक घटनाएँ। सानो आमाँ—दिव्या कोइराला की बातें—निर्वासित जीवन के संस्मरण।

वह, यानी प्रचार-अधिकारी—देशबंधु चितरंजन दास की अमर वाणी को चरितार्थ होते देख रहा है। बचपन की बात। अपने देश से निर्वासित 'पिताजी', अपने छोटे पुत्र (बालक वी. पी.) के साथ कलकत्ते में देशबंधु चितरंजन दास के अतिथि हैं। अपने देश नेपाल की मुक्ति का मार्ग ढूँढ़ रहे हैं—कृष्णप्रसाद कोइरालाजी। देशबंधु ने एक दिन हँसकर कहा था—''कोइरालाजी, आप चिंता न करें। आपका यह पुत्र—विश्वेश्वर—जो एक सेकेंड भी चैन से नहीं बैठ सकता, कुछ-न-कुछ करता रहता है, सैकड़ों पेचीदे प्रश्न पूछता है—और जो बगैर क्लोरोफार्म के खतरनाक ऑपरेशन को मुसकराते हुए सह सकता है—वह निश्चय ही एक दिन अपने देश की बर्बर सरकार का 'तख्ता' पलटेगा। बैठा नहीं रहेगा यह।''

सचमुच, वी. पी. कभी चैन से नहीं बैठा। कॉलेज में पढ़ते समय दो-दो बार क्रांतिकारी कार्यकलापों से संबंध रखने के अभियोग में भारत में अंग्रेजी सरकार द्वारा नजरबंद हुआ। कॉलेज की पढ़ाई के बाद—बिहार सोशलिस्ट पार्टी का सक्रिय सदस्य—1942 के आंदोलन में हज़ारीबाग सेंट्रल जेल में तीन साल तक नजरबंद। जेल से मुक्त हुआ—कंठ में असाध्य रोग कैंसर लेकर। बंबई में, 'टाटा कैंसर अस्पताल' में जब तक चिकित्सा होती रही, बिछावन पर लेटे-लेटे ही नेपाली राष्ट्रीय कांग्रेस के संगठन की योजनाएँ बनाता रहा। और, जीवनी शक्ति की जय हुई। असंभव, संभव हुआ। डॉक्टरों ने स्वीकार किया—''प्रबल इच्छा-शक्ति ने रोग को रोकने में सहायता दी है। जड़ से यह दूर न भी हो, कोई बात नहीं। अब प्राण पर कोई संकट नहीं... ''

''मतलब ? मैं काम कर सकता हूँ ?''

डॉक्टरों का जवाब—''जी, थकानेवाला कोई काम नहीं।''

विश्वेश्वर मुसकराया था, डॉक्टरों की राय सुनकर—''थकानेवाला कोई

काम नहीं ?...

'कैंसर इंस्टीच्यूट' से निकलते ही वी. पी. ने सभी मुक्तिकामी प्रवासी नेपालियों का—नेपाली राष्ट्रीय कांग्रेस की स्थापना के लिए आह्वान किया। फलतः कलकत्ते में नेपाली राष्ट्रीय कांग्रेस का जन्म हुआ। और इसके डेढ़ माह बाद ही नेपाली राष्ट्रीय कांग्रेस के सभापति विश्वेश्वरप्रसाद कोइराला विराटनगर जूट मिल्स, काटन मिल, मैच फैक्टरी के दस हजार मजदूरों की ऐतिहासिक हड़ताल—राणाशाही नेपाल में पहली हड़ताल—का संचालन करते हुए नेपाल की राणाशाही द्वारा गिरफ्तार हुए। जेल में फिर पुराना रोग उभरा। भीषण रूप धारण किया कंठनली के कैंसर ने। महात्मा गाँधी ने तत्कालीन प्रधानमंत्री के नाम अपील की। मुक्त हुए, तीन महीने बाद ही छद्‌मवेश में काठमांडो उपत्यका में—पाटन, भातगाँव, कीर्तिपुर नगरों में—छिप-छिपकर प्रचार करते रहे। फिर गिरफ्तार। कई महीने की नजरबंदी के बाद पुनः कारामुक्त। सारे देश में करबंदी आंदोलन और सत्याग्रह-संग्राम का बिगुल...

और अब सशस्त्र संग्राम—'ऑल नेपाल लिबरेशन आर्मी' के ईस्टर्न कमांड के चीफ के रूप में—एक्शन कमेटी में—ऐतिहासिक प्रस्ताव पारित कर रहे हैं—"कल ही वीरगंज इलाके में हेड क्वार्टर शिफ्ट किया जाए—और शीघ्र ही वीरगंज पर चढ़ाई का आयोजन—नेपाल की जनता में, खासकर राणाशाही फौज को—महाराजाधिराज के इस नाटकीय पलायन का कारण, विस्तारपूर्वक समझाकर—विद्रोह के लिए—मुक्तिसेना में सम्मिलित होने के लिए आह्वान..."

ऑल इंडिया रेडियो से लौहमानव सरदार पटेल की—बेलौस और कटु सत्यवाणी प्रसारित हो रही है—"भारत सरकार महाराजाधिराज त्रिभुवन वीरविक्रम शाह देवज्यू को ही नेपाल का नरेश मानती है—मोहन शमशेर द्वारा घोषित, शिशु महाराजाधिराज को कोई पागल ही मान्यता दे सकता है—और भारतीय वायुसेना का एक वायुयान, महाराजाधिराज को सपरिवार निरापद भारत में ले आने के लिए भेजा जा रहा है। इस कार्य में किसी भी प्रकार के व्याघात को बरदाश्त नहीं किया जाएगा।"

मोहन शमशेर—'तीन सरकार'—ने इस समाचार के समय काठमांडो बिजलीघर को बंद करवा दिया। किंतु 'बैटरी सेट' पर सरदार का यह

संदेश—नेपाल के कोने-कोने में—मुक्तिकामी नेपालियों के दिलों में प्रसन्नता की लहरों की सृष्टि करता हुआ—घोषित होता रहा।

घटनाएँ अब जल्दी-जल्दी घटने लगीं !!

सभी शीर्षस्थ अपने-अपने क्षेत्र की ओर उड़े !!

तीन

थिरबममल्ल...

मुक्तिसेना के प्रचार-अधिकारी के सामने एक नेपाली युवक की तसवीर है—प्रियदर्शन, उन्नत प्रशस्त ललाट, उदार-प्रसन्न मुखमंडल।

मुक्तिसेना के प्रायः सभी छोटे-बड़े नायकों के संक्षिप्त जीवन-वृत्त उसने तैयार कर लिये हैं। फौजी यूनिफार्म में सभी के फोटो पहले ही आ चुके हैं। किंतु आज पश्चिमी मोर्चे से मुक्तिसेना के सर्वाधिनायक जनरल सुवर्ण का विशेष संवाद आया है। आदेश है : सभी संवाद-सूत्रों को थिरबममल्ल का 'मैटर' शीघ्र दे दिया जाए। आज ही—एंड डौंट एनाउंस 'वेदर रिपोर्ट एंड फोरकास्ट', अर्थात् मुक्तिसेना के मूवमेंट और गतिविधियों के बारे में कोई संवाद मत दो।

थिरबममल्ल का 'मैटर' दो-तीन पंक्तियों से ज्यादा और क्या हो सकता है कि यह तेईस वर्षीय युवक जनरल सुवर्ण का भगिना है और उसने देहरादून सैनिक विद्यालय में फौजी तालीम पाई है तथा अपने मामा एवं अन्य आत्मीयजनों के साथ पिछले कई वर्षों से कलकत्ते में निर्वासित जीवन व्यतीत कर रहा है...नेपाल की मुक्ति के लिए छटपटा रहा है ! मल्ल : पैतृक उपाधि, नाम : थिरबम। उम्र : तेईस... अपने मामा की तरह धीर, गंभीर और मितभाषी।

'वेदर रिपोर्ट एंड फोरकास्ट' ? प्रचार-अधिकारी का कलेजा अचानक धड़कने लगा। खुशी से...तो, क्या...तो, इसका मतलब अगला एक्शन... अगले एक्शन के लिए.. नहीं-नहीं...मुझे यह सबकुछ नहीं सोचना चाहिए, यानी किसी संवाद से न प्रसन्न होना चाहिए और न दुखी। कानों के पास

एक चेतावनी बार-बार प्रतिध्वनित हो जाती है : 'अपने दिल, दिमाग और मन के दरवाजों पर लटकते हुए तालों को भी बार-बार खींचकर देखते रहना...किसी गोपन-संवाद का एक ही शब्द तुम्हारी असावधानी से बाहर निकलकर एक ही साथ सैकड़ों मुक्ति-सैनिकों का सफाया कर दे सकता है। सदा सतर्क, सावधान !!

नेपाल के कोने-कोने से संवाद और समाचार आ रहे हैं—सभी तैयार हैं, सारा देश तैयार है—राणाशाही से जूझने के लिए। प्रचार-अधिकारी समाचारों के आधार पर 'स्टोरी' तैयार कर रहा है...अभी तुरंत यह तराई अंचल के ऊपर...आकाश से हजारों परचे गिराकर आया है—"जनता तैयार रहे...उसके नगर और गाँव में मुक्तिसेना शीघ्र ही पहुँच रही है...जनता का कर्तव्य...महाराजाधिराज को, राणाशाही के बंधन से मुक्त नेपाल की पावन धरती पर शीघ्र ससम्मान वापस ले आना...जय नेपाल ! जय नेपालनरेश !"

"यह कोइराला क्या है ? कामरेड जैसा कोई शब्द ?"

नेपाल कांग्रेस के प्रधान-कार्यालय कैंप में देशी-विदेशी पत्रकारों की एक छोटी सी भीड़ जम गई है, भीड़ लगी रहती है, हमेशा। कोई नई खबर ? ताजा समाचार ?...अगला कदम ?

सभी बड़े नेता और नायक—महाकाल से मेची तक—नेपाल के विभिन्न अंचलों के दौरे पर हैं। अतः वी. पी. के बाल्यबंधु तथा नेपाली कांग्रेस के अन्यतम सक्रिय सहायक देवेंद्रप्रसाद सिंह को घेरकर ये तरह-तरह के सवाल पूछ रहे हैं। देवेंद्र बाबू मुक्तिसेना प्रचार-अधिकारी का पत्रकारों की मंडली के सभी सदस्यों से परिचय कराते हुए कहते हैं—"अगले कदम के बारे में हम कुछ नहीं बता सकेंगे। आपके और सारे सवालों के जवाब, मुझे उम्मीद है, यह सही-सही दे सकेगा।"

प्रचार-अधिकारी सबसे पहले पूर्वी मोर्चे से आए हुए टटके समाचारों की 'स्टोरी' प्रस्तुत करता रहा है—"विराटनगर के गवर्नर उत्तमविक्रम राणा ने सभी सुरक्षात्मक व्यवस्था पूरी कर ली है। उन्होंने अपने निवास को एक सुरक्षित किले में बदल दिया है। दीवार के चारों ओर गहरी खाइयाँ खोद दी गई हैं। बैरक, गोसवारा, माल, अमीनी कचहरियाँ, बाजार आदि

प्रमुख स्थानों के आसपास ट्रेंचों का जाल बिछा दिया गया है। पहाड़ के रास्ते—धनकुट्टा होकर—काठमांडो से राणा-सैनिकों की कई टुकड़ियाँ विराटनगर पहुँच चुकी हैं। सूरज डूबने के दो घंटा पहले से ही 'कर्फ्यू' लागू हो जाता है। विराटनगर से जोगबनी तक जानेवाली सड़कों पर कई 'चेकपोस्ट'... ।"

प्रचार-अधिकारी हर सवाल को घुमा-फिराकर 'पूर्वी मोर्चे' की ओर मोड़ देता है। बात दिल्ली की हो या काठमांडो की—उसको वह किसी तरह विराटनगर तक पहुँचा देने की चेष्टा करता है। पिछले दिन से ही वह सभी का ध्यान पूरब की ओर 'डाइवर्ट' कर रहा है। आज के सभी अखबारों में इसी तरह के संवाद प्रकाशित हुए हैं। सभी की निगाहें, नेपाल के नक्शे के पूर्वी हिस्से पर केंद्रित हैं। कलकत्ता के पत्रकारों का एक दल जोगबनी पहुँच चुका है।

"दिल्ली के अखबारों में महाराजाधिराज त्रिभुवन की तसवीरें—कनाट प्लेस में खरीदारी करते हुए—छपी हैं..." एक पत्रकार बोला।

प्रचार-अधिकारी ने तुरंत समाचार दिया :

"महाराजाधिराज त्रिभुवन के सकुशल भारत पहुँचने का समाचार पाकर मोरंग जिले के गाँव-गाँव में दीपावली मनाई गई। विराटनगर और धरान-धनकुट्टा के मंदिरों में विशेष पूजा...जोगबनी में छात्राओं ने 'चिरायुँ रहुन—चिरायुँ रहुन श्री पाँच प्रभुज्यु चिरायुँ रहुन...सूर्यचंद्र झें अटल रहन प्रभु छाओस कीर्ति महान'—समवेत स्वर में गाते हुए एक विशाल जुलूस..."

पत्रकारों के प्रश्न :

"अधिकांश गेरिला दलपतियों के नाम के साथ कोइराला जुड़ा हुआ...यह कोइराला क्या है ? कामरेड जैसा कोई शब्द ?"

"कोतपर्व नेपालियों का कैसा पर्व है ?"

"सुवर्ण शमशेर किस वर्ग के राणा हैं ? 'ए' या 'बी' या 'सी' ?"

इसके अलावा कई चिढ़ानेवाले प्रश्न। प्रचार-अधिकारी तनिक भी अप्रतिभ नहीं होता। पिछले चार-पाँच वर्षों के अनुभवों से वह जान चुका है कि कौन-कौन-सी 'न्यूज एजेंसी' और 'पत्रिका' और पत्रकार नेपाली कांग्रेस के प्रति सहानुभूतिशील हैं और किन पत्रों, संवाद-सूत्रों और

संवाददाताओं को राणा सरकार के भारतीय एजेंटों ने 'धर्मभ्रष्ट' कर दिया है। वह एक ऐसे 'श्रमजीवी पत्रकार' को भी जानता है जो पिछले चार-पाँच साल में 'कोइराला' शब्द को भी कभी सही-सही न लिख सका, न बोल सका—'कोरेला' अथवा 'कोरियाला' या 'कोयलावाला' या 'कोलियारा'... एक साहब हैं जो वी. पी. के सोशलिस्ट होने के कारण नेपाल के जन-आन्दोलन और मुक्ति की सारी प्रचेष्टाओं को 'सोशल डेमोक्रेटों' और साम्राज्यवादियों का व्यक्तिगत 'मामला' मानते हैं, नेपाली कांग्रेस के हर कदम को 'अप्रगतिशील' और 'रिएक्शनरी' घोषित करते हैं और शाम को थ्री-एक्स रम के मात्र एक पेग के बाद ही उनके सिर पर 'विश्व का एकमात्र हिंदू राष्ट्र' का भूत इस कदर सवार हो जाता है कि 'मार्क्सिस्ट' बोली छोड़कर अवधूतों की भाषा में बातें करने लगते हैं, अतः प्रचार-अधिकारी सतर्क और गंभीर होकर सवालों के जवाब दे रहा है, एक-एक कर :

''कोइराला, नेपाल के उपाध्याय ब्राह्मणों की एक उपाधि है। यों, नेपाल में अर्जुनवृक्ष को कोइराला...अर्जुनवृक्ष नहीं देखा कभी ? पटना में ही कई पेड़ हैं...आयुर्वैदिक निघंटु के अनुसार जिसको कुटज और जिसके बीज को 'इंद्रजौ'...जी हाँ, एक वनोषधि जिसके सफेद फूलों के गुच्छ में बकाइन के फूल जैसी कटु-मधु मृदु-मंद-मंद गंध होती है...उत्तर बिहार और मोरंग की तराई में जिसको 'कौरैया फूल' कहते हैं...महाशय, इसके उपाधि बन जाने के पीछे भी ठीक बाटलीवाला, बंदूकवाला अथवा नेहरू या लोहिया की तरह... मैंने स्वयं डॉक्टर लोहिया को 'पब्लिक मीटिंग' में प्रसंगवश कहते सुना है—'मेरे पूर्वजों में कोई लोहे का कारोबारी रहा होगा जिसके प्रताप से यह 'लोहिया' उपाधि चल पड़ी हो।' संभव है, किसी उपाध्याय-पंडित के दरवाजे पर या पिछवाड़े में कोइराला का पेड़ रहा हो और वह 'कोइरालावाला पंडित' के रूप में तथा उसके वंशज 'कोइराला' के रूप में प्रसिद्धि पा गए हों...''

ऑफिस सेक्रेटरी ताजा 'संवाद' दे गया—''जोगबनी बेस-कैंप में गेर्रिलाओं ने धूमधाम से 'कृष्णप्रसाद कोइराला स्मृतिदिवस' का पालन फौजी ढंग से किया। सलामी दागी गई, बिगुल पर मातमी धुन बजा... ''

''अब कोतपर्व...यह कोई पावन-पर्व नहीं, एक नारकीय और जघन्य

कुकृत्य का नाम है। 'तीन सरकार' अर्थात् प्रधानमंत्री की गद्दी को हथियाने के लिए निकटतम अथवा भावी उत्तराधिकारी की छल-बल-कपट-कौशल से हत्या करके जंगबहादुर राणाओं ने प्रायः 'रक्तरंजित कोतपर्व' का पालन किया है...जी, मैं यह नहीं कह सकता कि अंग्रेजी के 'कू' (तख्तापलट) से इसका कोई संबंध है। संभव है, हो भी। किंतु कोतपर्व की अनेक कहानियाँ मैंने सुनी हैं—सपरिवार भोज में निमंत्रित करके भोजन-पान में जहर मिलाने से लेकर सीधे खुकरी से हमला करके सारे परिवार को 'कचिंगल'...अर्थात् कत्लेआम के अनेक उदाहरण मिलते हैं।...भाई ने भाई को मारा, पिता ने पुत्र को मौत के घाट उतारा, पुत्र ने पिता की जान ली और माँ ने अपनी कोख के बेटे का गला घोंटकर 'कोतपर्व' मनाया...इस बार एक 'महाकोतपर्व' असफल हुआ है। अगर महाराजाधिराज त्रिभुवन एक मिनट भी देर कर देते तो मोहन शमशेर और उनके भाई-भतीजे मिलकर श्री-5 वीरविक्रम शाह देव के वंशवृक्ष को निश्चय ही निर्मूल...अभी काठमांडो में धूमधाम से 'जश्न' मनाया जाता होता, शराब की नदियाँ बहती होतीं और सार्वजनिक रूप में जुआ खेलने के लिए सात दिनों की सरकारी छुट्टी की घोषणा हो चुकी होती...मारा, मारा—'तीया' दाँव हमारा !!"

पी. टी. आई. के दफ्तर से फोन आया है—दिल्ली से तीन सौ भारतीय सैनिक वायुयान के द्वारा—इंडियन एंबेसी की रक्षा के लिए—काठमांडो जा रहे हैं, अभी-अभी...

"अब पिताजी के बारे में..." प्रचार-अधिकारी अपने दोनों हाथों को जोड़कर श्रद्धा और भक्तिपूर्वक अपने कपाल से छुलाता है—"भारत का बच्चा-बच्चा मोहनदास कर्मचंद गाँधी को 'बापू' कहता है न...ठीक उसी तरह, नेपाल का प्रत्येक चैतन्य नागरिक कृष्णप्रसाद कोइराला को 'पिताजी'...नेपाली क्रांति के जनक स्वर्गीय कृष्णप्रसाद कोइराला ने राणाशाही के विरुद्ध क्रांति की पहली चिनगारी जलाई और अपनी जान देकर उस आग को जलाए रखा। 1942 में 'भारत छोड़ो' आंदोलन के सिलसिले में इधर (भारत में) 'बापू' आगाखाँ के राजभवन में नजरबंद थे और उधर (नेपाल में) 'पिताजी' काठमांडो की एक कालकोठरी में। बंदी अवस्था में ही उनकी मृत्यु हुई...कहने का लोभ संवरण नहीं कर पा रहा हूँ कि जिस

दिन 'पिताजी' गिरफ्तार हुए थे, मैं 'कोइराला-निवास' में ही था। चरण स्पर्श कर प्रणाम करने गया तो उन्होंने हाथ की हथकड़ी दिखला हँसते हुए पूछा था—'हाउ डू यू लाइक इट...?' जी हाँ, 'भारत छोड़ो' आन्दोलन के सिलसिले में ही—भारत के स्वतंत्रता-संग्राम में सक्रिय सहायता करने और सहानुभूति रखने के जुर्म में—राणाशाही ने उन्हें नजरबंद करके—अंग्रेजी सरकार के हुक्म का वफादारी से पालन किया...एक लंबी कहानी है..."

"रुकिए मत...कीप ऑन टेलिंग...थामाबेन ना मशाय,"—पत्रिका का प्रतिनिधि कहता है—"अद्‌भुत एवं आश्चर्यजनक...महत् जीवन कथा..."

"कहानी लंबी है। मैं पिताजी के जीवन की एक झाँकी-मात्र ही दे सकूँगा...आज से चालीस-पैंतालीस साल पहले की बात है...

"नेपाल के तत्कालीन 'तीन सरकार' चंद्र शमशेर जंगबहादुर राणा इंग्लैंड गए थे। वहाँ अपने सम्मान में आयोजित एक भोज-सभा में भाषण देते हुए उन्होंने अंग्रेज राजनेताओं को एक कीमती सलाह देने की 'कृपा' की ('तीन सरकार' जो कुछ करें, उनकी प्रत्येक क्रिया—खाना-पीना-सोना—के साथ 'कृपा' शब्द जोड़कर नहीं बोलने या लिखनेवाले को तुरंत चालान कर देने का हुक्म है, हुक्मीराज नेपाल में... हुक्मीराज अर्थात् जहाँ 'तीन सरकार' के मुँह से निकला हुआ कोई भी हुक्म कानून का रूप ले लेता है)...'महानुभावो, आप लोगों ने हिंदुस्तान के हर शहर में कॉलेज और हर गाँव में स्कूल खोलने की अबाध अनुमति दे दी है और आप यह आशा भी रखते हैं कि हिंदुस्तान के लोग 'स्वराज्य' की माँग न करें...मेरे देश में देखिए ! स्कूल-कॉलेज की बात दूर—एक पाठशाला तक खोलने की इजाजत हम नहीं देते। मेरे देश में, मेरे परिवार यानी राणाओं के बच्चों की पढ़ाई के लिए स्थापित 'दरबार स्कूल' के अलावा कोई 'चटसार' तक नहीं...सुख और चैन से शासन करना है तो प्रजा को मूर्ख बनाकर रखिए...'

"युवक कृष्णप्रसादजी को उनके एक उदार अंग्रेज मित्र ने पत्र लिखकर इस 'भोज-भाषण' की सूचना दी है। उसने लिखा है—'तुम्हारे 'तीन प्रभु' की इस कीमती सलाह को सुनकर कई मान्य सदस्य बहुत मुश्किल से

अपनी हँसी को रोक पाए थे...'

"कोइरालाजी पत्र को पढ़कर उत्तेजित, पिंजड़े में बंद बाघ की तरह छटपटाते रहे। उनका गौर दिव्य 'अनुहार' अपमान से साँवला हो गया है। कई दिनों तक इसी अवस्था में रहने के बाद उन्होंने दो पंक्तियों का एक 'विनती-पत्र' तीन सरकार की सेवा में भेजने के लिए तैयार किया... 'निवेदन है, मैंने नेपाल में शिक्षा-प्रचार का व्रत लिया है। अतः मुझे अभी मोरंग जिला की तराई और पहाड़ियों के गाँवों में पाठशाला खोलने की अनुमति देने की कृपा करें। शिक्षा-प्रचार के लिए मैं अपना धन-जन और जीवन समर्पित कर दूँगा।'

" 'विनती-पत्र' का कोई उत्तर नहीं आया। श्री-तीन-सरकार चंद्र शमशेर जंगबहादुर राणा ने कृपा नहीं की। कोई सरकारी चिट्ठी नहीं मिली। किंतु सरकारी रुख का पता चल गया। मोरंग के गवर्नर ने चुपचाप आकर बतलाया—'तीन सरकार की 'कोपदृष्टि' कोइराला-निवास पर पड़ गई है।' सुनकर वे मुसकराए और अपनी नववधू से कहा—'दिव्या, तुमने भी व्रत लिया है न ? तैयार हो जाओ।'

"दशहरा के अवसर पर, प्रत्येक वर्ष 'कोइराला-निवास' से 'तीन प्रभु' की सेवा में स्वस्ति की डाली भेजने की भी पुरानी प्रथा चली आ रही थी। उस बार कृष्णप्रसादजी ने 'डाली' में रखवाया—रेशमी वस्त्र के स्थान पर एक गरीब नेपाली का सहस्र छिद्रवाला 'सरवाल' (नेपाली पाजामा) और स्वर्ण-मुद्राओं की थैली में एक कानी कौड़ी भी नहीं। मात्र, कागज का एक पुर्जा, जिस पर लिखा था—'महाप्रभु ! आपकी प्रजा को एक जून पेट-भर भोजन भी मयस्सर नहीं। कपड़े के नाम पर, लज्जा-निवारण के लिए एक हाथ की लँगोटी तक नहीं...विद्या-बुद्धि से हीन वे...'

"तुरंत सरकारी हुक्म आया—'इस पागल पंडित-दंपती को पिंजड़े में बंद करके पहाड़ी रास्ते से काठमांडो भेजो। मोगलान (हिंदुस्तान) होकर नहीं। इसकी सारी संपत्ति जब्त कर लो।'

"विराटनगर के गवर्नर चुपचाप आए, रात में। अनुनय भरे स्वर में भरे गले से गिड़गिड़ाकर उन्होंने प्रार्थना की—'आप जिद्द मत पकड़ें, कृपया। आपके गिरफ्तार होने का क्या अर्थ है, जानते हैं ? नेपाल में प्रकाश की पहली किरण को हमेशा के लिए बुझा देना...यह तर्क करने का समय नहीं। आज

रात ही, अभी ही—सीमा पार करके आप दोनों 'मोगलान' चले जाइए... मेरी विनती है...'

''पति-पत्नी ने तराई की पगडंडी पकड़ी। आकाश का एक तारा टूटकर गिरा और राह दिखा गया...बीस वर्षों तक विदेश में, हिंदुस्तान और मारिशस के नगर-नगर में भटकते रहे—निर्वासित कोइराला-दंपती। तीन-सरकार ने बार-बार वायसराय से निवेदन किया—कोइराला को तुरंत गिरफ्तार करके नेपाल भेज दिया जाए। वायसराय ने जब-जब कोइराला-दंपती के विरुद्ध कार्रवाई करनी चाही—सर तेजबहादुर सप्रू और मोतीलाल नेहरू जैसे प्रसिद्ध विधि-विशेषज्ञों ने उन्हें निरस्त किया...चंद्र शमशेर के बाद भीम शमशेर प्रधानमंत्री हुए तो सबसे पहले उन्होंने कृष्णप्रसाद कोइराला को स्वदेश वापस बुला भेजा। जिस गवर्नर ने कृष्णप्रसाद को चुपचाप 'मोगलान' की सीमा में भगा दिया था—उनका नाम मृगेंद्र शमशेर था और वह भीम शमशेर के पुत्र थे। और सुवर्ण शमशेरजी मृगेंद्र शमशेर के पुत्र हैं...भीम शमशेर ने उन्हें शिक्षा-प्रचार की अनुमति ही नहीं, सरकारी सहयोग का वचन दिया, बाजाब्ता 'लाल' मोहर लगाकर...कोइराला-दंपती स्वदेश वापस लौटे। सबसे पहले, विराटनगर में आदर्श विद्यालय की स्थापना...फिर पहाड़ और तराइयों में घूम-घूमकर पाठशालाएँ खुलवाते रहे...स्मरण रहे, नेपाली कांग्रेस के सभापति और ईस्टर्न कमांड के चीफ— वी. पी. के अलावा, मोर्चे के दो सौ छापामारों में, डेढ़ सौ उसी आदर्श विद्यालय में शिक्षा पाए हुए छात्र हैं...'फिदवी' भी उसी विद्यालय का एक नगण्य...सो, ऐसे थे नेपाल के पिताजी और भीम शमशेर के पौत्र सुवर्ण शमशेर—नेपाल की गद्दी के सीधे हकदार—न जाने कितने 'कोतपर्वों' से बाल-बाल बचकर—अब कलकत्ता में निर्वासित जीवनयापन कर रहे हैं। जघन्य 'कोतपर्व' के बदले सशस्त्र क्रांति की तैयारी में—नेपाल में जनतंत्र लाने के लिए—लगे हुए हैं। सर्वस्व होम करने का संकल्प करके बैठे हैं।''

एक स्थानीय संवाद-सूत्र के अधिकारी का सवाल—''लेकिन नेपालियों के मुक्तिसंग्राम में आप...यानी...आप या देवेंद्र बाबू...अथवा कोई भी भारतीय क्यों सक्रिय भाग ले...मतलब, आप लोग क्यों...?''

प्रचार-अधिकारी, इसका कोई सीधा जवाब देने के बदले सवाल करता है—''महाशय, आपने पहले यह क्यों नहीं पूछा कि कृष्णप्रसाद कोइराला ने,

भारतीय स्वतंत्रता-आंदोलन में भाग लेकर, क्यों अपनी जान दे दी ? ... उनके पुत्रों ने क्यों जेल-यातना का वरण किया—भारत की आजादी की लड़ाई में ?''

'बेस-कैंप' से एक एस. ओ. एस. आया—''हैंडग्रेनेड फेंकने की ट्रेनिंग लेते समय काँछी मैयाँ बुरी तरह जख्मी हो गई हैं। तुरंत—'एलाफाई प्लेन' भेजिए...''

चार

तीन बजे भोर को एक मीठा सपना देख रहा था—प्रचार-अधिकारी, कि वायरलेस ऑपरेटर ने झकझोरकर जगा दिया—'जय नेपाल'। वेस्टर्न फ्रंट से समाचार आ रहा है—"वीरगंज लिबरेटेड...कैप्चर्ड..."

देवेंद्र बाबू, सुशीला कोइराला तथा अन्य साथियों से घिरा हुआ ऑपरेटर दनादन कागज पर लिखे जा रहा है। ट्रांसमीटर से 'बीप-बीप ...बी...प...बीप-बी...' ध्वनि निकल रही है—"जनरल सुवर्ण ने वीरगंज पर चढ़ाई के लिए तेईस वर्षीय युवक थिरबममल्ल को मुक्तिफौज का परिचालक नियुक्त किया...थिरबममल्ल की सेना ने बारह बजे रात को वीरगंज पर हमला किया...राणा के फौजियों ने मुकाबला किया। किंतु वे अधिक देर तक टिक नहीं सके। वीरगंज के गवर्नर ने आत्मसमर्पण कर दिया है। जनरल ने तेजबहादुर को वीरगंज का मिलेटरी गवर्नर नियुक्त किया है।"

"बीप...बीप...बीप...थिरबममल्ल भीषण रूप से घायल...उनकी देह में दुश्मन के सात बुलेट...रक्सौल के डंकन अस्पताल में मुक्तिसेना के इस वीर योद्धा ने 'वीरगति' पाई...बी...बीप...बीप... "

"आह !"

ऑपरेटर ने फिर संदेश 'डिकोट' करके प्रचार-अधिकारी के सामने रख दिया—"डोंट अनाउंस मल्लाज़ डेथ न्यूज़... थिरबममल्ल की मृत्यु के संवाद को अभी प्रकट मत करो..."

ऑफिस सेक्रेटरी किंकर्तव्यविमूढ़ होकर खड़ा है। वह क्या करे ? दफ्तर के ऊपर 'विजय' का झंडा फहराए अथवा झंडा झुका दे ?

मुक्तियुद्ध—मुक्तिफौज, मुक्ति, मुक्ति...

सभी भाषाओं के दैनिक पत्रों के मुखपृष्ठ पर मोटी सुर्खियों में वीरगंज-विजय की खबर—वीरगंज पर मुक्तिसेना का कब्जा... वीरगंज लिबरेटेड... वीरगंज कैप्चर्ड...वीरगंज...वीरगंज...वीर...।

उत्तर आकाश में युद्ध के दमामों के गंभीर शब्द निरंतर गूँजने लगे। सभी की निगाहें उत्तर की ओर मुड़ गईं। खबरें आने लगीं—आ रही हैं लगातार—दिन-रात—तार से, बेतार से।

मुक्तिसेना की 'एडवांस फोर्स की टुकड़ी' के साथ मार्च करता हुआ—पी. टी. आई. के विशेष संवाददाता लैज़रस का आँखों देखा विस्तृत विवरण : "नवंबर की सर्द रात में सोए हुए वीरगंज के निवासियों की नींद मुक्तिवाहिनी की राइफलों और ब्रेनगनों की दहाड़ से टूटी। सहस्र कंठों से 'जिंदाबाद' के नारे प्रतिध्वनित हुए। स्थानीय जनता ने मुक्तिकंठ से 'राणाशाही के नाश' होने की कामना प्रकट की—'राणाशाही मुर्दाबाद !!'...बिजली की तरह चमक और कड़ककर—मुक्तिवाहिनी, राणा फौज पर टूटी। विस्मित, हतबुद्धि राणा की फौज में पहले भगदड़ मची। फिर तुरंत ही सँभलकर प्रत्याक्रमण में वे गोलियाँ बरसाने लगे। किंतु मुक्तिसेना के युवक कमांडर थिरबममल्ल की रणचातुरी और आजादी के दीवाने मुक्ति योद्धाओं की अदम्य वीरता के आगे वे बहुत देर तक नहीं टिक सके। सुबह होने के पहले ही वीरगंज के 'बड़ा हाकिम' ने आत्मसमर्पण कर दिया और वीरगंज के प्रमुख सरकारी भवन पर—नेपाली कांग्रेस का चार सितारोंवाला लाल झंडा—विजयपताका—फहराने लगा...और रात की इस लड़ाई का संचालन करते हुए मुक्तिसेना के कमांडर थिरबममल्ल बुरी तरह घायल होकर रक्सौल के डंकन अस्पताल में..."

मुक्तिवाहिनी के सर्वाधिनायक मेजर जनरल सुवर्ण ने नेपाली कांग्रेस के लोकप्रिय कार्यकर्ता तथा मुक्ति-सैनिक तेजबहादुर को वीरगंज का मिलेटरी गवर्नर मनोनीत किया है। नेपाली कांग्रेस के सभापति ने भारत सरकार से इस नए राष्ट्र को मान्यता देने की अपील की है।

और, 'संग्राम-समिति' की ओर से शहीद थिरबममल्ल की मृत्यु की घोषणा की जा रही है...नेपाली कांग्रेस की केंद्रीय संग्राम-समिति अपनी पार्टी तथा अपने देश की जनता को गहरे दुख के साथ सूचना देती है—पच्छिमी मोर्चे के अधिनायक थिरबममल्ल ने वीरगंज-विजय के सिलसिले में कल रात वीरगति पाई...!!

सद्यःमुक्त वीरगंज की धरती पर—लिबरेटेड एरिया में—थिरबममल्ल का अंतिम संस्कार फौजी कायदे के मुताबिक हो रहा है—बिगुल पर मातमी धुन और राइफलों से सलामी...

धन्य, धन्य मुक्तिभूमि, मुक्तियुद्ध, मुक्तिसैन्य, मुक्ति, मुक्ति, मुक्ति... !

नेपाली प्रजातंत्र—अमर हो !

वीरगंज के मिलेटरी गवर्नर, नेपाली प्रजातंत्र के प्रथम फौजी शासक तेजबहादुर के कार्यालय तथा अन्य सरकारी इमारतों के अलावा वीरगंज के घर-घर पर—महलों से लेकर झोंपड़ों के मुँडेरों पर—चार सितारोंवाले लाल झंडे—बड़े-छोटे, असंख्य—लहराने-फहराने लगे। हर्षोत्फुल्ल नागरिक जयघोष करते हैं। प्रजातंत्र के स्वागत में गाते-बजाते हैं।

उधर, काठमांडो में—जंगबहादुर के वंशजों की अनेकानेक अंग्रेजी उपाधियों और सैकड़ों सामंती सम्मान तथा वीरता के स्वर्ण-रौप्य-काँस्य पदकों की चमक अचानक गायब हो गई है। कालिमा पुत रही है—उनके दरबारों के इर्द-गिर्द। राणातंत्र का अंतिम 'नामलेवा' मोहन शमशेर दाँतों को पीसता हुआ कसमें खा रहा है—"म रगत खानैछू... मैं इनका रक्त पीऊँगा...इनकी बोटियों का कलेवा करूँगा...कांग्रेसियों का कच्चा मांस... हा-हा-हा...मोर्टार...फील्डगन...मशीनगन...ब्रेनगन... म रगत खानैछू... !"

मेजर जनरल सुवर्ण ने अब पूर्वी मोर्चे की तैयारी का गुप्त आदेश दिया है। नेपाली कांग्रेस का मुख्य कार्यालय तथा केंद्रीय संग्राम-समिति, प्रचार-विभाग के दफ्तर नेपाल की पूर्वी तराई में स्थानांतरित हुए। युगों से 'परदेश-परभूमि' में निर्वासित प्रवासी नेपालियों के विशाल समूह अपनी जन्मभूमि की ओर लौटे। और मुक्तिसेना के करीब साढ़े चार सौ सैनिक—पूर्वी तराई में ही कहीं—पूर्वी मोर्चे की नाकेबंदी में जुट गए।

अब गेर्रिला छापेमारी नहीं, बाजाब्ता युद्ध...मुक्तियुद्ध, मुक्तिसैन्य, मुक्तिफौज, मुक्ति...नेपाली...ने-पा-ली...आगि बढ़दै बढ़दै जाऊ क्रांति झंडा ले—क्रांति झंडा ले—ने-पा-ली...नेपा...ली...ई...!!

मुक्तिसेना के सर्वाधिनायक सुवर्ण तथा ईस्टर्न कमांड के चीफ वी. पी. शिविरों का परिदर्शन कर आए हैं। रणक्षेत्र में उनकी उपस्थिति मुक्ति-सैनिकों के दिलों में उत्साह और उमंग भर जाती है। प्रत्येक मुक्तिसंग्रामी के कानों के पास सर्वाधिनायक सुवर्ण की गंभीर वाणी सदा गूँजती है : "साथी हरू हो !...आप इसको हमेशा याद रखें कि राणाशाही मात्र नहीं, यह नेपाल में प्रजातंत्र चाहनेवाले प्रत्येक नेपाली की लड़ाई है...हम नेपाल की जनता के सैनिक हैं..."

युद्ध, युद्ध, युद्ध... मुक्तियुद्ध, युद्ध... ने-पा-ली-नेपा...ली...ई...ई !!

पच्छिमी मोर्चे पर फिर गोलाबारी।

मारात्मक अस्त्र-शस्त्रों से सुसज्जित मोहन शमशेर की सेना—राह के दोनों ओर के गाँवों को लूटती-खसोटती, आतंक फैलाती हुई—नीचे की ओर—समतल तराई की ओर बढ़ रही है। मुक्तिसेना के जवान आगे बढ़कर अमलेखगंज में उनसे जाकर टकराते हैं। प्रबल प्रतिरोधात्मक युद्ध ! घमासान लड़ाई !

राणाशाही अफसरों का मोहभंग हुआ। नाकेबंदी और अस्त्र-संचालन के ढंग देखकर वे समझ गए—ये 'नवसिखुए' सिपाही नहीं—रेगुलर... अनुभवी लड़ाके हैं !...मशीनगन नहीं, अब मोर्टार फायर !!...

राणाशाही तोप दहाड़ने लगी—धाँ...य ! धाँ...य !

मुक्तिसेना के सर्वाधिनायक को दिन-रात कभी चैन नहीं। उन्होंने नींद नहीं आनेवाली गोलियाँ खा ली हैं, शायद। उन्होंने फिर एक मोर्चे को जगाया—नया मोर्चा। तीसरा मोर्चा—पच्छिमी नेपाल के प्रमुख नगर नेपालगंज पर—नेपाली कांग्रेस के जनरल सेक्रेटरी महेंद्रविक्रम शाह के नेतृत्व में मुक्ति-सैनिकों ने धावा बोल दिया।

ड्रम-ड्रम-ड्रम...मुक्तियुद्ध...युद्ध !!

महाकाल से मेची तक युद्ध के नगाड़े बज रहे हैं। नेपाल की धरती पर जययात्रा करते हुए मुक्ति-सैनिकों के कदम—उसी ताल पर बढ़ रहे

हैं—धरती के चप्पे-चप्पे को मुक्त करते हुए।

राणाशाही फौज—अंधाधुंध गोले बरसाती हुई—अमलेखगंज तक पहुँचने में सफल हुई। किंतु तब तक मुक्तिसेना का कमांडर-इन-चीफ सुवर्ण पच्छिमी नेपाल के दूसरे नगर भैरवाहा में एक और मोर्चा स्थापित कर चुका था। भैरवाहा में के. आई. सिंह के जवान कई दिनों से आदेश की प्रतीक्षा में 'कछमछा' रहे थे। हुक्म पाते ही वे दुश्मनों की सेना पर टूट पड़े। रणभेरी भैरवाहा के आकाश-पाताल में भी गूँजने लगी।

सारे नेपाल में भूचाल...हिलती-डोलती 'तीन सरकार' की गद्दी पर झकोले खाता हुआ मोहन शमशेर क्रोध से चिल्लाता है—रगत खानैछू... रक्त चाहिए। और उसकी रक्तपिपासा मिटाने के लिए—मुक्ति-फौजियों का टटका खून लाने को—काठमांडो से रोज राणाशाही फौज की एक टुकड़ी मार्च करती हुई चल पड़ती है—फबानी, भैरवाहा और नेपालगंज की ओर... !

मेजर जनरल सुवर्ण ने उपयुक्त अवसर देखकर—'वार काउंसिल' में विराटनगर पर चढ़ाई का प्रस्ताव रखा। सर्वाधिनायक की रणनीति के अनुसार विराटनगर का मोर्चा महत्त्वपूर्ण और निर्णायक होगा। दुश्मन को पच्छिम में पूरी तरह उलझाकर—पूरब में पूरी शक्ति के साथ आक्रमण।

'वार काउंसिल' में, शीर्षस्थ नायकों के अलावा मोरंग जिला नेपाली कांग्रेस के कई जिम्मेदार कार्यकर्ताओं को भी शरीक किया गया है। शिवहरि, तारिणी, विश्वबंधु, शिवजंग और भोला चैटर्जी एकमत हैं : विराटनगर पर चढ़ाई करने का यही सही समय है। वातावरण हमारे पक्ष में है। विभिन्न मिलों के दस हजार मजदूर हमारा साथ देने को तैयार हैं—वे सभी नेपाली कांग्रेस के साधारण सदस्य हैं...गाँव के किसानों में हमारा संगठन मजबूत है...विराटनगर की जनता हमारी प्रतीक्षा कर रही है।

मुक्तिसेना के गुप्तचर विभाग ने उत्तमविक्रम राणा की सारी तैयारियों का पूरा लेखा-जोखा संग्राम-समिति के सामने प्रस्तुत कर दिया है—बाजाब्ता नक्शे के साथ।

ईस्टर्न कमांड के चीफ अब पूर्वी मोर्चे के नए अधिनायक की ओर देखते हैं। नया अधिनायक : बर्मा से आया हुआ, ब्रिटिश सेना का अवकाश-

प्राप्त अफसर याकथुंबा।

याकथुंबा ने इस इलाके में एक सप्ताह रहकर एक अनुभवी फौजी की दृष्टि से सबकुछ देख-परख लिया है। यों, उसके मुखड़े पर सदा मुसकराहट अंकित रहती है। किंतु संग्राम-समिति में अपनी राय जाहिर करते समय उसके चेहरे पर एक अपूर्व गंभीरता छा जाती है। सैनिक-सुलभ अनुशासित वाणी में वह अपना मत प्रकट करता है : "हमारा मौजूदा लोकबल निर्णायक आक्रमण के लिए यथेष्ट है। किंतु हमें कम-से-कम पाँच सौ राइफल चाहिए..."

"कम-से-कम पाँच सौ राइफल और ?"—वार काउंसिल में शरीक अधिकांश साथियों के चेहरों के रंग अचानक उतर गए—"कहाँ से आएँगी इतनी राइफलें ? न राधा को नौ मन तेल होगा, न राधा नाचेगी।"

सर्वाधिनायक सुवर्ण ने अधिनायक याकथुंबा से बहुत ही सहज ढंग से कहा—"कम-से-कम पाँच सौ राइफल हम आपको देंगे।"

याकथुंबा ने तुरंत उठकर सर्वाधिनायक को फौजी सलामी दी। सर्वाधिनायक ने अब संग्राम-समिति के विशेष आमंत्रित साथियों की ओर अर्थपूर्ण दृष्टि से देखा। वे सभी चुपचाप खेमे से बाहर चले गए—चकित, प्रसन्न।

नेपा-ली-ई-ई-नेपा-ली-ई... !! रात आधी बीत चुकी है और पूर्वी मोर्चे के शिविरों में मुक्ति-सैनिक 'रतजगा' कर रहे हैं। बड़े-बड़े बक्सों से राइफलें निकाली जा रही हैं। मित्र-देश से आई हुई राइफलें और प्रचुर मात्रा में थ्री-नाट-थ्री बुलेट। सारे शिविर में—शिविर के साढ़े पाँच सौ मुक्ति-सैनिकों की देह में उत्तेजना की लहर दौड़ रही है। वे तैयार हो रहे हैं। कोई आकर इनका 'साज-सिंगार' देखे। बूट-पट्टी बाँधते हुए, कमर के बेल्ट को कसते हुए—वे गुनगुना रहे हैं—एक सबसे मधुर गीत, जययात्रा का प्रसिद्ध गीत—नेपाली ! 'नेपाली...रक्त माँगता है आज...मुक्तियुद्ध, मुक्तियुद्ध... !'

एक प्रोज्ज्वल तारा पूरब आकाश में चमक उठा। पाँच सौ मुक्ति-फौजियों के लोहे के टोपों तथा राइफलों की संगीनों पर इस सितारे

की चमक– 'टलकिंछ'–अर्थात् जगमगा उठी। मुक्ति-सैनिकों को दो कालमों में बँट 'जययात्रा' का आदेश दिया, अधिनायक याकथुंबा ने !

वे कदम-से-कदम मिलाते हुए विराटनगर शहर की ओर चल पड़े। विराटनगर जूट मिल के पास पहुँचकर पाँच सौ राइफलों ने अपनी भाषा में 'जयध्वनि' की– ट्रठाँय !...जय नेपाल !!

पाँच सौ मुक्ति-सैनिकों के मुक्तकंठ की आवाज़ ध्वनित होकर गूँजी–जय नेपाल !!

मुक्ति-फौज मुक्ति-फौज, मुक्ति, मुक्ति–नेपा-ली ! नेपाली !!

मुक्तिसेना ने सबसे पहले जूट मिल, फिर काटन मिल और मैच फैक्टरी पर कब्जा किया। जोगबनी से विराटनगर शहर को जोड़नेवाली दोनों–सदर और कच्ची–सड़कों के किनारे राणाशाही फौज के चेकपोस्ट पर तैनात संतरियों ने राइफलों की आवाज तथा हजारों मानवकंठ की जयध्वनियों से ही अंदाज लगा लिया–वे आँधी के तिनके की तरह उड़ जाएँगे। मुक्तिसेना के मैच फैक्टरी के पास पहुँचने के पहले ही–वे सभी चेकपोस्ट छोड़कर गवर्नर उत्तमविक्रम के 'किला-निवास' में एकत्रित हो चुके थे।

कदम-से-कदम मिलाती, मुक्तिवाहिनी की दोनों टुकड़ियाँ आगे बढ़ रही हैं। मुक्ति-योद्धाओं के प्रत्येक पदचाप पर नेपाल की धरती मुक्त होती जा रही है। मुक्त हो रही धरा, मुक्त हो रहा गगन–मुक्त जन मगन, कदम मिला करके चल रहे–''राणाशाही मुर्दाबाद !''

'बाजार अड्डा'–विराटनगर शहर के प्रवेशद्वार के पास मुक्तिसेना ने पुनः जयघोष किया। राइफलों ने अपने संचालकों के स्वरों में इस्पाती निनाद भर दिया–जय नेपाल !...ट्र-ट-ठाँ...य...ठाँय...!!

मुक्तिवाहिनी निर्विघ्न आगे बढ़ती जा रही है : सरकारी इमारतों तथा राणाफौज द्वारा खोदी गई खाइयों पर कब्जा करती हुई–दो रास्तों से, दो दिशाओं से उत्तमविक्रम के किले की ओर–सरकारी हेड क्वार्टर की ओर।

सदर सड़क के शनिहाट की ओर बढ़नेवाली टुकड़ी–'गोलचा हाउस' के सामने 'तिराहे' पर पहुँची तो राणाशाही फौज की राइफलें प्रतिरोध के स्वर में बरस पड़ीं–ठाँय-ठाँय-ठाँय-ठठाँय।

मुक्ति-फौज के दूसरे 'कालम' की गति का अवरोध उत्तमविक्रम के

किले के मुँडेर पर फिट मशीनगन ने किया—खुले मैदान के दक्षिण। मजबूत चारदीवारी के अंदर, निरापद स्थानों में बैठे राणा के फौजियों ने—दक्षिण और पच्छिम की ओर मशीनगनों और ब्रेनगनों की गोलियों की झड़ी लगा दी—अविराम।

मुक्ति-फौज के दोनों कालमों ने कुछ क्षणों तक तो धुआँधार जवाब दिया। बाद में, दोनों कालमों के नायकों ने राणाशाही फौज की इस उन्मत्त गोलाबारी का तत्काल मुकाबला करना उचित नहीं समझा। वे राणाफौज द्वारा खोदी गई खाइयों में आश्रय लेने के लिए बाध्य हो गए...

"रक्षा करो पशुपति, हे दंतकाली...!"

"जय वराहदेव...!"

"रक्षा करो...जय नेपाल !"

विराटनगर की जनता अपने-अपने घरों में बंद त्राहि-त्राहि कर रही है। शहर के अधिकांश परिवारों ने कई दिन पहले शहर छोड़ दिया है। जो रह गए हैं, वे हर 'फाइरिंग' पर दहल रहे हैं। सबसे ज्यादा भयभीत हैं—राणाशाही की चाकरी (जी-हजूरी) करनेवाले, बिर्तेवाले (बिना मालगुजारी दिए ही सैकड़ों एकड़ जमीन के जागीरदार), चोरबाजारी से रातोंरात करोड़पति-लखपति बन जानेवाले काले व्यापारी, पेंशनभोगी, सरकारी कर्मचारी।

"रक्षा करो..."

खिड़कियों को अच्छी तरह बंद करके भी खरदारनी निश्चिंत नहीं। 'हुजुरबाजे' अर्थात् खरदारबाजे—पेंशनभोगी वृद्ध, भरी हुई बंदूकें लेकर बंद जनाना फाटक पर बैठे हुए हैं। मुकुंदे, बड़ा बेटा ऊपर तिजोरीवाले कमरे में 'भरुआँ बंदूक' (पुरानी किस्म की, जिसमें गज से बारूद भरा जाता है) लेकर, मानबहादुर के साथ बैठा हुआ है। पुष्पा और गैबी, दोनों रजाई में दुबके, पलंग पर पड़े हैं। दोनों ही रजाई छोड़कर माँ के आँचल में छिप जाना चाहते हैं...

फड़र्रर-र-र-र...!

गुड़गुड़म...धाँय-धाँय !!

टटटटटटट ! टटटटटटटटटट...!!

ठाँठाँय-ठाँयठाँय–ठाँय-ठाँय...!

पुराने बैरक के पास फाइटिंग चल रही है !... खरदार साहब आवाज परखकर फिसफिसाकर कहते हैं–"घोर फाइटिंग चलदैछ।"

खरदारनी अपने सात महीने के शिशु तीरथ को कलेजे से चिपकाकर–पलंग और ट्रंकों के बीच की जगह में बैठी हुई है–मानो ट्रेंच में बैठी हो। उसका बायाँ हाथ पलंग पर पुष्पा और गैबी के सिरहाने है और दाहिनी हाथ गोद में सोए तीरथ के सिर पर। आश्चर्य, तीरथ निर्भय गटर-गटर कर दूध पी रहा है...लेकिन, मुकुंदे जो ऊपर है...रक्षा करो। शायद उसने खिड़कियों को ठीक से बंद नहीं किया हो। फुलवारी की ओर खुलनेवाली खिड़की की चिटखनी जरा ढीली थी...रक्षा करो...और 'हुजुरबाजे' फाटक पर क्यों हैं ? उन्हें अंदर आ जाना चाहिए। 'भानसाघर' (रसोईघर) के टीन के छज्जे पर कभी-कभी गोलियाँ आकर गिरती हैं। पिछले कई दिनों से खरदारनी कह रही थी–जोगबनी या रँगेली के 'कामत' (खलिहान) पर सभी को लेकर...'हुजुरबाजे' की जिद, अब सीखें ! और, यह मुकुंदे ? बहू को कल शाम को मैके भेज दिया। प्रभानानी (पुतोहु) के बाप का घर कर्नल के बँगले की ओर है। आजकल के लड़के माँ-बाप की बात एक बार भी अगर मानें...मना किया। नहीं माने। अब सीखो मजा...

"फड़र्र-र्र-र्र-र्र-र्र !"

"गुड़गुड़म–धाँय, धाँय, धाँय ! !"

"टटटटटटटटटटट...!"

"ठाँयठाँय, ठाँयठाँय-ठ-ठाँय...!"

"रक्षा करो..."

"रक्षा करो, जय नेपाल !"

खरदार साहब ने पहचाना–औरत की आवाज ?

खरदार साहब ने फाटक को तनिक खोलकर पूछा–

"को हो ?...कौन ?"

"म...शिबू की आमाँ...जरनैलनी..."

"जरनैलनी ?...भित्र आउनेस...च्याड़े...जल्दी।"

बुढ़िया भय से थर-थर काँपती हुई अंदर आ जाती है।

“और, जनरैल साहब ?”

“जनरैल साब, कानूछा, नानी–सधै गो।”

“गयो ? कता...कहाँ गए सभी ?”

“कुन्नी...पता नहीं कहाँ...”

“हजुरी, ढोका खोल,”–खरदार साहब किवाड़ से मुँह सटाकर धीरे से पुकारते हैं–“हजुरी, दरवाजा खोलो।”

पुष्पा और गैबी एक साथ रजाई फेंककर उठ खड़े होते हैं–“बाउ !”

“को भो ?”–खरदारनी एक हाथ से दरवाजा खोलकर, काँपती हुई पूछती है–“क्या हुआ ?”

“जरनैलनी !”

“जरनैलनी ?”

“फड़र्रर्रर-र-र-र...”

“जय नेपाल !”

“राणाशाही मुर्दाबाद !”

“कड़प-कड़प कड़प-कड़प, कड़प...”

अचानक टिमटिमाती हुई बिजली गुल ! पुष्पा और गैबी माँ के आँचल में छिप जाते हैं। खरदार साहब फर्श पर बैठकर जमीन पकड़ लेते हैं। खरदारनी फिसफिसाकर जरनैलनी से पूछती है–“उनिहर घर मिस् पछन के ?”...वे क्या घरों में भी घुसेंगे ?

खरदार साहब पूछते हैं–“आपका शिबू तो नेपाली कांग्रेस...?” खरदारनी सिसकारी भरे शब्दों में कहती है–“सिस !...धीरे से।”

बाहर, सड़क पर फौजियों के दौड़ने की आवाज...?

“जै गयंपति गयंपति...” अर्थात्–गणपति गणपति।

मल्हूरामजी की अवस्था चिंताजनक है। राइफलों की आवाज को वे ‘बम’ गिरने की आवाज समझ रहे हैं और जब तोप दहाड़ती है तो उन्हें लगता है, बाजार का एक-एक कोना उड़कर आसमान में चक्कर काट रहा है। उनका मुँह खुला हुआ है–जबड़े बैठ नहीं रहे हैं। पहली ही फाइरिंग की आवाज सुनकर उनका मुँह खुला, सो खुला ही रह गया। खुले हुए जबड़े के कारण वे कुछ भी स्पष्ट उच्चारण नहीं कर पाते हैं–पयय,

पयय—अर्थात् प्रलय। प्रलयकाल उपस्थित है...लेकिन, तिजोरी छोड़कर वे कहीं नहीं जा सकते हैं। वे चल-फिर नहीं सकते हैं। तिजोरी को देखकर उनको लकवा मार जाता है—रुपए, जेवर, सोना...वह लाचार हैं।

"गुड़गुड़म—धाँय ! धाँय !!"

"टटटटटट... !"

अब तीन मोर्चे। पहला, गवर्नर के निवास के पूरब-दक्षिण कोने में—सिंघिया नदी की ओर, सोमप्रसाद नेपाल के घर के पास। दूसरा, सदर रोड पर—'तिमुहानी' पर...तीसरा, बाजार-अड्डे के पास।

मुक्तिसेना के अधिनायक याकथुंबा—सी. बी. सुब्बा राणाफौज के बालू के बोरों और खोदी हुई खाइयों पर कब्जा कर बैठे हैं। ट्रेंचों में छिपे मुक्तिसेना के जवान—घनघोर गोलाबारी के बावजूद—हर मिनट पर बाहर निकलकर 'एटैक' करना चाहते हैं। कवर-फाइरिंग करते हुए आगे बढ़ना चाहते हैं। मगर किले से अविराम गोलियों की वर्षा हो रही है...वे फिर ट्रेंचों में छिप जाते हैं।

टटटटटट ! टटटटटट...

शंकरजंग की माँ, मौसी और छोटी बहन उषा...सभी एक ही कमरे में बंद हैं। और हर 'फाइरिंग' पर सोलह वर्षीया उछल पड़ती है। ठीक शंकरजंग की तरह देह को मरोड़ती है, झटके देकर...अगर, एक राइफल नहीं तो शाटगन भी होती तो...शंकरजंग की माँ और मौसी और भी तेजी से माला फेरने लगती हैं...शंकरजंग गया, हिरण्यजंग गया इसी तरह ऐंठते-छटपटाते, ताल ठोंकते। इस लड़की की 'मति-गति' का भी क्या ठीक ! कब निकल जाए—"उषा ! त्योस्तो न गर...ऐसा मत करो। खिड़कियों को मत खोलो।"

"आमाँ, मलाई त जानू मन परयो—दाज्युलाई मदद गर्ने...माँ मेरा तो जाने का मन कर रहा है, भैया की सहायता करने के लिए...

"त्यस्तो कुरा न गर...ऐसी बातें मत करो !"

"फड़र्र-र्र-र्र-र्र..."

"जय नेपाल !"

अब उषा पगली की तरह नारे लगाने लगती है–"नेपाली कांग्रेस जिंदाबाद ! राणाशाही मुर्दाबाद ! प्रजातंत्र कायम हो।"

"टटटटटटट ! टटटटटटटट !!"

मल्हूरामजी 'पयय-पयय' रट रहे हैं। पिछले कंट्रोल के जमाने में–भारत-नेपाल की सीमा पर–करेंसी नोट के पुल बाँधकर कपड़े-सिमेंट किरासन तेल, चीनी की गाड़ियाँ सीमा के इस पार से उस 'पार' करनेवालों में मल्हूराम का नाम सबसे पहले लिया जाता है। हिंदुस्तान के कितने सरकारी अफसरों और कांग्रेसी कार्यकर्ताओं को दावत खिला चुके हैं, चंदे दिए हैं...लेकिन, जबड़े बंद नहीं हो रहे हैं। क्योंकि, गोलियाँ गोदाम की छत पर ओले की तरह गिर रही हैं ! झर-झर-झर-झर गोलियाँ दावत और चंदे नहीं चाहतीं। सीधे जान माँगती हैं। पयय-पयय...

"गुड़गुड़म...धायँ-धायँ !"

मुकुंद ने अपना काम बना लिया था...बाप की सारी कमाई तिजोरी से निकालकर बोरियों में बाँधकर मानबहादुर के सिर पर रखा ही था कि खरदार साहब ऊपर के कमरे में आ धमके–"तिजोरी कैसे खुली ?"

"हट जाइए। गोली मार दूँगा।"

"भरुआँ बंदूक से पिता की हत्या नहीं हो सकेगी। यह लो, असल बंदूक...मार डालो...मार डालो सभी को, माँ को, भाई को, बहन को..."

"त्यस्तो करायेर कुरा न गर !"–खरदारनी, पिता-पुत्र के ऐसे दर्जनों झगड़े दिन में दस बार देख-सुन चुकी है। वह चाहती है कि अभी कोई 'गुलगपाड़ा' नहीं हो अंदर।

खरदार साहब अपनी बंदूक और कारतूस की पेटी लेकर निकल पड़ते हैं–"जिसके लिए चोरी किया, वही कहे चोर। अरे, कृष्णप्रसाद कोइराला का मित्र होकर भी मैं आज तक मुँह सीकर क्यों बैठा था ? तुम्हीं लोगों के लिए ?...हजूरी, दरवाजा बंद कर लो। मैं आजादी की लड़ाई में शरीक होने जा रहा हूँ...लानत है, धन-दौलत और परिवार पर...बेटे की गोली खाकर मरने से अच्छा–युद्धभूमि में दुश्मन से लड़ते हुए मरना...जय नेपाल।"

"ठाँय ! ठाँय !!"

"फील्डगन्स—फायर !"

कर्नल उत्तमविक्रम के 'किला-निवास' के अंदर भय और मायूसी रह-रहकर घिर आती है। कर्नल के दोनों पुत्र—चारदीवारी के अंदर—दक्षिण और पच्छिम की ओर—सैन्यसंचालन कर रहे हैं। उन्हें विश्वास है कि धनकुट्टा के रास्ते शीघ्र ही सहायता मिल जाएगी। अतः वे उदारतापूर्वक बुलेट और गोले खर्च कर रहे हैं। किले के अंदर व्याप्त होनेवाली मायूसी को दूर करने के लिए भी आवश्यक है—अविराम अस्त्र-संचालन।

"फड़र्रर-र्र-र्र..."

सुबह की रोशनी के साथ राणाशाही फौज की फाइरिंग की गति भी तेज होती जा रही है...अपने-अपने घरों की खिड़कियाँ खोलकर झाँकनेवालों पर, सड़कों पर भागते हुए लोगों को लक्ष्य कर गोलियाँ दागी जा रही हैं। लोग घायल होकर गिर रहे हैं, यत्र-तत्र।

मुक्तिफौज के तीनों मोर्चों पर डटे हुए जवान, राणाशाही गोलियों का समुचित उत्तर देते हैं, रह-रहकर... याकथुंबा की टुकड़ी ने चाय पीने के बाद—पंद्रह मिनट तक किले की छत पर—ब्रेनगनों से गोलियाँ बरसाईं और राणाशाही के एक 'गनर' को सदा के लिए चुप करा दिया।

दोपहर को, विराटनगर की आबादी पर राणाशाही मोर्टार के गोले गिरने लगे। एक बार उन्होंने किले से बाहर निकलकर आक्रमण करने का साहस भी किया। किंतु मुक्ति-सैनिकों ने उन्हें फिर किले के अंदर छिपने के लिए मजबूर कर दिया।

दोपहर को ही जब विराटनगर में घमासान गोलाबारी हो रही थी—विराटनगर जूट मिल अर्थात् मुक्ति फौज के हेड क्वार्टर में, संग्राम-समिति में सर्वाधिनायक सुवर्ण ने केशवप्रसाद कोइराला को विराटनगर का मिलेटरी गवर्नर मनोनीत किया। मेजर जनरल ने ठीक ही समझा है : अब थोड़ा समय लग जाएगा। युद्ध की अवधि बढ़ेगी।

"त्येसेले मेरो विचार मा, 'लीस्ट ब्लडशेड' मरेर 'विक्टरी' नै असल

हो...इसलिए मेरी राय में, न्यूनतम रक्तपात करके विजय प्राप्त करना ठीक है।''—ईस्टर्न कमांड के चीफ वी. पी. अपनी राय जाहिर करते हैं।

अग्रिम मोर्चे से याकथुंबा ने 'कोड' में संवाद भेजा है : हम डटकर जवाब दे रहे हैं। किले के बाहर एक भी फौजी को कदम नहीं रखने दिया है...याकथुंबा, सर्वाधिनायक के अगले हुक्म की प्रतीक्षा कर रहा है।

'संग्राम-समिति' के फैसले के मुताबिक अग्रिम मोर्चे के अधिनायक को आदेश दिया गया : ''पूर्ववत् घेरा डाले रहो।''

सर्वाधिनायक ने विश्वबंधु और शिवहरि को—नागरिकों से संपर्क स्थापित करके तुरंत 'नागरिक सुरक्षा समिति' गठन करने का आदेश दिया है। भोला चैटर्जी की गैर्रिलावाहिनी के पचास प्रतिशत जवानों को एडवांस फोर्स में लिया है याकथुंबा ने। चैटर्जी के बाकी गैर्रिला हेड क्वार्टर में दलपतियों के सशस्त्र अंगरक्षक, कार्यालय के संतरी, मुख्यद्वार के प्रहरी, मालखाना, गोदाम, पावर हाउस, प्रयोगशाला, लंगर आदि प्रमुख स्थानों पर तैनात किए गए हैं।

सुसंगठित, साधनसंपन्न और अनुशासित मुक्तिफौज का प्रधान कार्यालय। कार्यालय के ऊपर, नेपाली कांग्रेस का चार सितारोंवाला बड़ा झंडा लहरा रहा है।

मुख्यद्वार पर जनता की अपार भीड़, मुख्यद्वार पर सीमेंट की मेहराब पर 'श्री जुद्ध प्रभु की जै-जै-जै' लिखा हुआ था—उसको तोड़ दिया गया है। जुद्ध शमशेर की मूर्ति की गरदन तोड़ दी गई है। राणाशाही की हर निशानी, प्रत्येक प्रतीक और चिह्नों को मिटा दिया गया है। जनता रह-रहकर नारे लगाती है। खुशी से नाच रही, गा रही है।

मुख्यद्वार के पास ही—मुक्तिफौज का 'भरती दफ्तर' खुला हुआ है, भरती चल रही है। सामने दो-तीन पंक्तियों में कतार बाँध, क्यू लगाकर खड़े हैं—मुक्तिफौज में भरती होनेवाले उम्मीदवार, कच्ची उम्र के सैकड़ों प्रसन्नमुख नेपाली जवान।

सभी कार्यालयों के सामने, देवनागरी लिपि में साइन बोर्ड लटकाए जा रहे हैं : जनस्वास्थ्य, यातायात, नागरिक सुरक्षा समिति, खाद्य तथा आपूर्ति विभाग के दफ्तर...

यातायात विभाग के कब्जे में तीस ट्रक, बारह जीप, चार स्टेशन-वैगन और चार कारें हैं। एम. जी. अर्थात् मिलेटरी गवर्नर ने शहर के सभी पेट्रोल, डीजल पंपों और डिपो को अपने अधिकार में ले लिया है। दोनों जूट मिल, सुगर फैक्टरी, काटन मिल के तेल के भंडार और कोयले के डिपो में सामयिक सैनिक सरकार के संतरी तैनात हैं। यातायात दफ्तर में पेट्रोल और डीजल के पुर्जे (कूपन) दिए जा रहे हैं, इसलिए सबसे ज्यादा गुलजार हैं...

ड्राइवरों की मंडली सबसे ज्यादा उत्तेजित और प्रसन्न है। ड्राइवरों के दलपति गौरमणि को गर्व है : फौजियों के पहले हम ड्राइवरों ने काम किया है। हमें चालीस घंटे पहले ही राणाशाही हुक्म मिल गया था—चौबीस घंटे के अंदर-अंदर अपनी गाड़ियाँ सरकारी गैरेज में जमा कर दो। हमने उस हुक्म की परवाह नहीं की और मुक्तिसेना की 'जययात्रा' के दो घंटे पेशतर हमारे ड्राइवर भाई लोग अपनी गाड़ियों के सामने झंडा बाँधकर 'रेडी' थे।

जनसमुद्र लहरा रहा है—मुख्यद्वार के सामने। जनता अपने बहादुर नायकों को देखना चाहती है। नारों से आकाश गूँज रहा है। कोलाहल, कलरव, जयकार हठात् रुक जाता है। मोर्चे की ओर से दो गाड़ियाँ धूल का बवंडर उड़ाती हुई, मुख्यद्वार के पास भीड़ को चीरती हुई पहुँचीं। अगली गाड़ी स्टेशन-वैगन—'रेडक्रॉस' का एंबुलेंस है : तीन घायल नागरिक और दो मुक्ति-सैनिक घायल होकर आए हैं। पिछली गाड़ी जीप पर—चार युद्धबंदी, राणाशाही फौज के, भागते हुए पकड़े गए हैं।

और भी कई गाड़ियाँ : एम. जी. अपने अंगरक्षकों के साथ आए। दूसरी गाड़ी पर, नागरिक सुरक्षा समितिवाले, विश्वबंधु शिवहरि, शिवजंग, भोला चैटर्जी, तारिणीप्रसाद। सभी के चेहरे धूल-धूसरित। किंतु सभी के ओठों पर ताजा मुसकराहट।

ध्वनि-विस्तारक यंत्र से घोषणा की जा रही है—भाइयो ! आज संध्या तीन बजे—जूट मिल के मैदान में विशाल सभा होगी, जिसमें नेपाली कांग्रेस के सभापति मातृकाप्रसाद कोइराला का भाषण होगा।

"नेपाली प्रजातंत्र—जिंदाबाद... !"

ऐतिहासिक सभा ! अभूतपूर्व जनसमागम। पंद्रह हजार से भी अधिक नर-नारियों का सम्मिलित जयघोष हो रहा है। असंख्य झंडे—चार सितारोंवाले—लहरा रहे हैं।

'बेतारकक्ष' में वायरलेस से सटकर बैठा 'प्रचार-अधिकारी' मोर्चों से आए हुए 'मैसेज' को सिलसिलेवार फाइल करता जा रहा है। 'वार काउंसिल' द्वारा सेंसर होने के बाद ही इन्हें प्रकाश में लाया जा सकेगा। प्रचार-अधिकारी का चेहरा, पच्छिमी मोर्चे के संवाद को पढ़ते समय जर्द हो जाता है : वीरगंज की आजादी खतरे में... राणाशाही ने अपनी बिखरी ताकत को बटोरकर वीरगंज पर अधिकार करने के लिए अंतिम आक्रमण कर दिया है। संभवतः यह संवाद, वीरगंज से प्रेषित 'मुक्तिसेना बेतार केंद्र' का अंतिम मैसेज हो।

किंतु अभी-अभी पूर्वी मोर्चे से दो टुकड़ियाँ धरान और धनकुट्टा की ओर जा रही हैं—मुक्तिसेना की अग्रिम-विजयवाहिनी की टुकड़ियाँ... जै नेपाल ! प्रजातंत्र—अमर हो !!

मुक्तियुद्ध-मुक्तियुद्ध-मुक्तियुद्ध-मुक्ति...

पाँच

20 नवंबर '50....

शहीदों की धरती पर राणाशाही फौज ने पुनः सामंतवाद का झंडा गाड़ दिया और इसके बाद शुरू हुई पैशाचिक लीला...अस्पताल के मरीजों की, उनके 'बेड' पर ही गोली मारकर हत्याएँ की गईं...बच्चों, बूढ़ों और अपाहिजों को भी नहीं छोड़ा गया। देखते-देखते सारा वीरगंज श्मशान हो गया !...जलते हुए घर...आर्तनाद...क्रंदन...और हवा में जलती हुई लाशों की चिड़ाइन गंध ! साकार रौरव नरक के दृश्य : चारों ओर !!

किंतु राणाशाही फौज की सम्मिलित शक्ति मुक्तिवाहिनी के अटूट मनोबल को तनिक भी भंग नहीं कर सकी। वीरगंज से 'रिट्रीट' करने के बाद वे अन्य मोर्चों पर दूने उत्साह और संकल्प से दुश्मन पर टूट पड़े। वीरगंज के पतन के बाद सारे देश में मुक्तिसेना की गतिविधि एक ही साथ तीव्र हो गई।

उस दिन विराटनगर के मोर्चे पर याकथुंबा के जवानों ने कर्नल उत्तमविक्रम के सिपाहियों को पल भर चैन लेने नहीं दिया। सुबह से शाम तक अविराम आक्रमण...!

विराटनगर मोर्चे पर धुआँधार लड़ाई चल रही है और विराटनगर से चार मील दक्षिण, मुक्तिसेना के हेड क्वार्टर में—जूट मिल के सामनेवाले मैदान में जनसमुद्र उमड़ आया है !!...उत्ताल शब्द-तरंग और लहरें, गगनभेदी नारे और जयध्वनियाँ !!

लगता है मोरंग जिला के सारे गाँव—गाँव के लोग उमड़ते आ रहे हैं—सभी दिशाओं से। जहाँ तक दृष्टि जाती है—अपार भीड़, नरमुंड-ही-नरमुंड

और असंख्य झंडे लहराते हुए।

विशाल सभा ! अभूतपूर्व जनसमागम !!

चार मील उत्तर–मोर्चे पर तोपों की दहाड़ 'जिंदाबाद' की गूँज में खो गई और विशाल जनसभा के ऊँचे मंच पर–'माइक' के सामने नेपाली कांग्रेस के सभापति मातृकाप्रसाद कोइराला हाथ जोड़कर प्रकट हुए...कुछ क्षणों तक वह कुछ भी नहीं बोल सके। जयध्वनियों की प्रतिध्वनियाँ बहुत देर तक आकाश-पाताल में मँडराती रहीं। जनता अपनी सेना के सेनापतियों को देखना चाहती है...एक झलक...झाँकी, दर्शन...!

मातृका बाबू ने शुरू किया–"दाज्युभाई हो...सबसे पहले आपको यह बता दूँ कि इस सभा में मुक्तिसेना के सर्वाधिनायक मेजर जनरल सुवर्ण अथवा ईस्टर्न कमांड के चीफ अथवा मुक्तिसेना के कोई नायक न तो उपस्थित हैं और न होंगे। भाषण देने का तो कोई सवाल ही नहीं पैदा होता। वे लड़ाई के मोर्चे पर हैं। वे युद्ध का संचालन कर रहे हैं। वे इस समय कहाँ हैं, कैसे हैं, किस अवस्था में हैं–हैं भी या नहीं–हम नहीं कह सकते... "

"जिंदाबाद-जिंदाबाद-जिंदाबाद...जिंदा...!!" जनता ने इस स्थल पर भाव-विह्वल होकर हार्दिक शुभकामना प्रकट की।

आनंदातिरेक से उन्मत्त 'अबूझ जनता' तुरत 'बूझ' गई। उन्होंने एक स्वर से कहा–"ठीक है...आप ही बोलें...हुजूर ही बोलें !"

'भाइयो ! अब न तो यहाँ 'हजुरिया राज' है और न कोई अब यहाँ 'हुजूर' कहलाएगा। मुक्तिसेना के जवान, राणाशाही के बंधन से देश और देशवासियों को मुक्ति करने के लिए, अपनी जान कुर्बान कर रहे हैं...नेपाली कांग्रेस के सभापति की हैसियत से मैं आपको यह विश्वास दिलाता हूँ कि सिर्फ राजनीतिक मुक्ति ही नहीं, हम आर्थिक गुलामी से भी नेपाल की जनता को मुक्ति दिलाएँगे...अर्थात् नेपाल में प्रजातंत्र...गणतंत्र...जनता की सरकार..."

"जिंदाबाद-जिंदाबाद-जिंदा... जैजैजै-जैजै... !!"

"मुट्ठी भर राणाओं की सामंतशाही चक्की में युगों से पिसती हुई जनता गुलामी की बेड़ियों को तोड़ चुकी है। काली रात का अंत हो चुका है। प्रजातंत्र का सूरज अब उगनेवाला है। यह नेपाल की सर्वहारा जनता की

लड़ाई है। यह जनयुद्ध है। मुक्तिसेना की जीत का मतलब है जनता की विजय, प्रजातंत्र का उदय...''

''नेपाली प्रजातंत्र अमर हो !''

''भाइयो, हम अभी लड़ाई के मैदान में हैं। दुश्मन का रू-ब-रू मुकाबला कर रहे हैं। लड़ाई का हर लमहा नाजुक होता है। मगर हम यह दावे के साथ कह सकते हैं कि जिस तरह सूरज का उगना सत्य है, हमारी जीत भी उसी तरह निश्चित है। सारी दुनिया की निगाह आज नेपाल पर है...''

जय नेपाल, जय नेपाल, जय-जय...जैजैजैजै !!''

उस दिन जिन लोगों ने मातृका बाबू को पहली बार बोलते सुना था और जिन्होंने कई बार उनके भाषण सुने थे, सभी ने एक स्वर में कहा– ''ऐसा भाषण कभी नहीं सुना और न इतनी बड़ी सभा हुई कभी नेपाल में !... पच्चीस हजार सद्यःमुक्ति जनता का प्रथम और अभूतपूर्व सम्मेलन !''

सचमुच सारी दुनिया की दृष्टि नेपाल के नक्शे पर है।

तिब्बत पर साम्यवादी चीन के कब्जे के बाद हिमालय की गोद में बसे हुए नेपाल में, समाजवादी वी. पी. कोइराला के नेतृत्व में जनक्रांति ने अमरीका को रहस्यपूर्ण चुप्पी साधने के लिए बाध्य कर दिया है।

लेकिन अंग्रेज चुप नहीं रहेंगे। मोहन शमशेर ने अंग्रेजी साम्राज्य की रक्षा के लिए नेपाल में गरीब गुर्खों की भरती की अबाध अनुमति दे रखी है अंग्रेजों को। अतः अपने स्वार्थ के लिए वे मोहन शमशेर की यथासाध्य सहायता करना चाहेंगे।

और आज रूस के समाचार पत्रों ने नेपाली जनता के इस जनयुद्ध का मखौल उड़ाते हुए कहा है : ''नेपालियों का यह तथाकथित मुक्तिसंग्राम नेपाल के बुर्जुआ वर्ग द्वारा शासन पर अधिकार करने के लिए छेड़ा गया है। यह सर्वहारा की लड़ाई नहीं...!!''

''भाइयो ! भाइयो !... सामयिक सरकार के जनसंपर्क विभाग की ओर से रोजाना बुलेटिन का प्रकाशन आज से शुरू हो गया है। रोज शाम को तीन बजे, दो पन्ने का यह बुलेटिन एक आना में मुक्तिसेना के स्वयंसेवकों से खरीदकर पढ़ें...अफवाहों पर कान न दें। दुश्मन के गलत प्रचार पर

यकीन मत करें...''

'वार कांउसिल' में अंतरराष्ट्रीय राजनीतिक दृष्टिकोण और कूटनीतिक दाँव-पेंच पर विचार-विमर्श हो रहा है। सभी के चेहरों पर एक ही प्रश्न अंकित है–''रूस के इस रुख का क्या असर पड़ेगा हमारे संग्राम पर ?''

नेपाल के मुट्ठी भर कम्युनिस्ट नेता इस लड़ाई में अब तक नेपाली कांग्रेस के साथ थे। वी. पी. का विश्वास है, रूस की राय जान लेने के बाद निश्चय ही वे इस जनक्रांति के विरुद्ध हो जाएँगे।

''मगर वे तो उँगलियों पर गिने जा सकते हैं...''

''हमने उन पर विश्वास करके, धनकुट्टा इलाके की सारी जिम्मेदारी सौंप दी...हमने उन्हें अस्त्र-शस्त्र भी दिया है और सबसे बड़ी बात यह कि हमारी एडवांस फोर्स को इन्हीं लोगों पर भरोसा करने के लिए कहा गया है...''

''और अपने गुप्तचर विभाग की रिपोर्ट है कि विराटनगर का कम्युनिस्ट नेता मनमोहन अधिकारी बीमार पड़कर बाहर नहीं गया है। पिछले सप्ताह उसे दार्जिलिंग में कई 'तिब्बती-नेपालियों' के साथ देखा गया...''

''विराटनगर के हर मिल की मजदूर कालोनी में उनके 'घोंसले (सेल्स) हैं...''

''कल जोगबनी के बाजार में चंदरमा सिंह को देखा गया। कम्युनिस्ट पार्टी की बिहार शाखा के और कई लोग...''

''हूँ ! सर्वहारा-क्रांति !!... मुश्किल यह है कि हमारे कई समाजवादी साथी भी रूस की बात करते समय इस भ्रम में पड़े रहते हैं कि वहाँ लेनिन बैठा हुआ है। स्तालिन मोहन शमशेर और राणाशाही के पक्ष में और नेपाली जनक्रांति के विरुद्ध कुछ कह या कर सकता–उन्होंने कभी कल्पना ही नहीं की...''

कोशी-कछार के मोर्चे में कमांडर कुलदीप झा का संवाद लेकर आया है संवाद-वाहक : धनकुट्टा सेक्टर के सभी संग्रामी, जिन्हें आर्म्स दिए गए थे और खिरियाही पुल की निगरानी करने का आदेश दिया गया था, आर्म्स सहित लापता हैं। पुल पर राणाफौज का दखल है...हम कोशी के किनारे कुसहा घाट के पास मोर्चा लगाकर राणाफौज की प्रतीक्षा कर रहे हैं। धनकुट्टा के विश्वासघाती साथियों ने राणाशाही फौज की खुलकर मदद की है। उनसे

सावधान...!

"सावधान ! सावधान !...ले जाइए एक आना में—मुक्ति-संदेश : प्रजातंत्र नेपाल की सामयिक सरकार का समाचार बुलेटिन...सावधान, सावधान...दोस्त के वेश में दुश्मन...जनता सतर्क रहे...पढ़िए, पढ़िए... !"

नेपाली कांग्रेस के 'प्रचार विभाग' ने अब सामयिक सरकार के 'जनसंपर्क विभाग' का रूप ग्रहण कर लिया है। अब 'पब्लिसिटी ऑफिसर' या 'प्रचार-अधिकारी' नहीं—पी. आर. ओ....पीआरो...पियारे और अंततः 'प्रियो बाबू'।

'प्रियो बाबू' के दफ्तर में सबसे ज्यादा भीड़ है। प्रत्येक विभाग में काम करनेवालों के 'परिचय पत्र' यहीं बनाए जा रहे हैं। मिलेटरी गवर्नर केशवप्रसाद के हुक्म से एलान किया गया है : कल से बिना 'परिचय पत्र' (आइडेंटी कार्ड) के, हेड क्वार्टर की चारदीवारी के किसी भी द्वार से कभी भी प्रवेश पाने की चेष्टा करना असंभव और विपदजनक हो जाएगा। इसलिए सभी विभाग के अधिकारी अपने कार्यकर्ताओं के 'कार्ड' सबसे पहले बनवा लेना चाहते हैं। अतः जनसंपर्क विभाग में सघन जनसमागम, कलरव और कोलाहल। 'किचेन-इंचार्ज' अर्थात् 'लंगर-अधिकारी' मधुसूदन सिंह तारस्वर में चिल्ला रहा है—"तो ठीक है। किचेनवालों का कार्ड मत बनाइए—आज शाम को ही, 'टी' टाइम में ही सभी विभाग के बाबू लोगों को पता चल जाएगा।"

सभी हँसते हैं। उन्मुक्त हँसी की लहरें एक दफ्तर से दूसरे विभाग में और फिर बाहर सड़कों पर आकर हिलोरें लेने लगती हैं।

चार मील उत्तर—मोर्चे पर फायरिंग होने लगती है। यहाँ शोर-गुल हठात् थम जाता है। सभी उत्कर्ण होकर सुनते हैं—धाँय-धाँय। यह राणाशाही मोर्टार है...यह चालू हुआ मशीनगन...पगला गया है कर्नलवा क्या जी ?... यह...यह...अपनी सेना का जवाब है निश्चय ही...मुक्तिवाहिनी—तीनों मोर्चों से एक साथ जवाब दे रही है...जय हो ! जय हो !!

अधिनायक याकथुंबा की इच्छा के अनुसार मेजर जनरल ने प्रयोगशाला को 'प्राचीरभंजक बमगोले', 'हथगोले', 'धूमजाल बम' (स्मोकस्क्रीन बम)

प्रस्तुत करने का आदेश दिया है। याकथुंबा ने काठमांडो से आती हुई राणाफौज के लिए तराई में 'बूबी-ट्रैप' अर्थात् 'मूरख फंदा' बिछाने का प्रस्ताव रखा था, किंतु मेजर जनरल सहमत नहीं हुए...द्वितीय विश्वयुद्ध की रणनीति की उपज यह 'बूबी-ट्रैप'–ऊपर से निरापद तथा निर्दोष दिखनेवाली कोई वस्तु, जो छूते ही धड़ाके के साथ फट जाए...नहीं-नहीं...हमने पराए देश पर चढ़ाई नहीं की है। हम अपनी मातृभूमि को लुटेरों के हाथ से मुक्ति करनेवाले मुक्ति-संग्रामी हैं... नो बूबी-ट्रैपिंग, हियर...

प्रयोगशालाओं को विस्फोटकों की परीक्षा करने के लिए निर्जन स्थान चाहिए। निर्जन स्थान का संधान देना भी जनसंपर्क विभागवालों का काम है। लेकिन पी. आर. ओ. कहता है : 'लिबरेटेड एरिया' (मुक्तक्षेत्र) में विस्फोटन से 'पैनिक'...भगदड़ मच जाएगी। लोग घबराकर गाँव-घर छोड़कर भागने लगेंगे। इसके लिए या तो 'मिलेटरी गवर्नर' अथवा किसी अन्य उच्च अधिकारी की अनुमति लेना आवश्यक है।

फील्ड हास्पिटल के ऑप्रेशन थियेटर में बिजली की लाइन तुरंत कैसे लगाई जा सकती है–इसका उपाय शीघ्र बताना या करना भी जनसंपर्क...?

पूर्णिया जिला सोशलिस्ट पार्टी के जनरल सेक्रेटरी नरसिंहनारायण सिंह पर नजर पड़ते ही पी. आर. ओ. पुकारता है–"नरसिंह बाबू, आपके 'सोशलिस्ट रेजिमेंट' के दो सौ साथियों के परिचय पत्रों पर आपका 'काउंटर सिगनेचर' चाहिए। बहुत सारे कामरेडों की सूरत पहली बार देख रहा हूँ–यहाँ आकर। इसलिए आप तनिक सतर्क होकर...अरे, पता नहीं आपके 'हर-बोलिया दल' में कैसे-कैसे लोग आ गए...हों...लीजिए, कामरेड भोलानाथ मंडल और सरयुग मिश्र भी आ गए हैं। इनकी मदद लीजिए और चटपट, एक घंटा..."

नरसिंहनारायण सिंह ने मुसकराकर धीरे से कहा–"सुनो ! इस गाड़ी से मनमोहन अधिकारी आ रहा है। कटिहार से खबर आई है। वी. पी. को इसकी सूचना तुरंत दे दो।"

मनमोहन अधिकारी ? वी. पी. का आत्मीय है। 1947 की हड़ताल में वी. पी. के साथ गिरफ्तार होकर कई वर्षों तक एक साथ जेल में रहा, किंतु सदा अपनी 'कम्युनिस्टी कट्टरता' को बरकरार रखा। वी. पी. हमेशा

उसकी कट्टरता की तारीफ अपने ढंग से करते हैं...

गिरिजा और शिवजंग वी. पी. का आदेश पाकर जीप लेकर जोगबनी स्टेशन पर पहुँचे, मनमोहन की अगुआनी करने...बूबी-ट्रैप ?

पी. आर. ओ. ने अपनी व्यक्तिगत डायरी में उस रात को लिखा : "मनमोहन को नजरबंद कर दिया गया है। वी. पी. ने कहा, 'मनमोहन की सुरक्षा के लिए ही ऐसा किया गया है, क्योंकि धनकुट्टा के कामरेडों की करतूत की खबर याकथुंबा के जवानों को लग गई है और याकथुंबा के जवान तो नेपाली कांग्रेस के नहीं हैं और न ही वे किसी पार्टी के लीडर या कार्यकर्ता को पहचानते हैं। वे 'दोस्त' और 'दुश्मन' को गंध से ही परख लेते हैं। इसलिए मनमोहन का बाहर रहना उचित नहीं...' सांदाज्यु (अर्थात् छोटे भैया) ने जिस गंभीरता से यह वक्तव्य दिया और उनकी वह मुद्रा मैं कभी नहीं भूलूँगा।"

'यह ऑल इंडिया रेडियो है...समाचार सुनिए ! आज ब्रिटिश सरकार के विदेश विभाग के विशेष अधिकारी सर एलसर ड्रेनिंग...मोहन शमशेर जंगबहादुर राणा से बातचीत के लिए जब काठमांडो के गोचर हवाई अड्डे पर उतरे तो वहाँ करीब बीस हजार जनता ने उनका काले झंडे से स्वागत किया। जनता अंग्रेजी सरकार और उसके विशेष दूत सर ड्रेनिंग के मुर्दाबाद के नारे लगा रही थी। खबर है कि गोचर अड्डे पर तैनात फौजियों ने निहत्थी और अहिंस्र जनता पर अंधाधुंध लाठीचार्ज किया। फलतः अनेक लोग घायल हुए। घायलों में कॉलेज के छात्र और छात्राओं की संख्या अधिक है। बूढ़े और बच्चे भी फौजी दमन के शिकार..."

"मुर्दाबाद, मुर्दाबाद...मुर्दा...!"

विराटनगर मोर्चे पर एक बार फिर जमकर गोलाबारी हुई। किले से बाहर निकलकर भागते हुए राणा के दो फौजी फिर मारे गए। तीन ने आत्मसमर्पण कर दिया है...तारिणीप्रसाद कोइराला राणा के इन फौजियों से किले के अंदर के बारे में पूछताछ कर रहे हैं...तो, उत्तमविक्रम एक महीने की रसद लेकर अंदर बैठा हुआ है ?...उनके दोनों पुत्र आत्मसमर्पण के विरुद्ध हैं और उन्हें विश्वास है कि दीपावली की रातवाली चढ़ाई की

तरह—मुक्ति-सैनिक 'रिट्रीट' कर चले जाएँगे...काठमांडो से उन्हें शीघ्र कुमुक भेजा जा रहा है।

हेड क्वार्टर के प्रवेशद्वार के बगल में, मिल के ब्लाकों को भी अब कारागार करार दे दिया गया है...'जंगला-ताला-बत्ती-आला' के साथ दर्जनों संतरी की दिन-रात की ड्यूटी। धीरे-धीरे कारागार के कमरे भर रहे हैं। सरकारी अफसर, गुप्तचर, पुराने क्रिमिनल, राणाशाही के चाकरीबाज नागरिक और झूठ-मूठ अफवाह फैलानेवाले रोज पकड़े जा रहे हैं। आज 'सोशलिस्ट रेजिमेंट' के भी दो आदमी 'कैप्चर' कर लिये गए हैं...यहाँ 'कैप्चर' शब्द खूब चालू हो गया है—हर व्यक्ति, हर जगह अपनी बात में इस शब्द का धड़ल्ले से व्यवहार करता है—"भाई, मेरी जगह को किसने कैप्चर ?"

'सोशलिस्ट रेजिमेंट' नाम 'अनऑफिसियल' है—पी. आर. ओ. का दिया हुआ, स्वयं पी. आर. ओ. सोशलिस्ट पार्टी का सदस्य है और धीरे-धीरे दिल्लगी में ही उसने इस नाम को चालू कर दिया है। नरसिंहनारायण ने 'परिचय पत्रों' पर दस्तखत करने के पहले जब 'चेक' किया तो एक सौ अस्सी सोशलिस्टों में दो आदमी ठग निकले अर्थात् उन्होंने अपने को सोशलिस्ट बताकर प्रवेश पा लिया था। दोनों व्यक्तियों को सामयिक सरकार के पुलिस एवं जेल-अधिकारी शिवजंग के पिता के जिम्मे सुपुर्द किया गया और शिवजंग के पिता ने उनको और घुड़ककर देखा तो दोनों ने तुरंत कबूल कर लिया कि वे पूर्णिया-सहरसा के एक मशहूर डकैत के दल के हैं। दलपति ने उन्हें हथियार-बमगोले वगैरह चुराने के लिए भेजा था। दोनों कैप्चर्ड हो गए... चंद्रप्रसाद नेपाल का बड़ा बेटा तीरथ नेपाल भी कैप्चर्ड होकर आया है। उसने दो साल पहले—छद्मवेश में नेपाल में पार्टी का प्रचार करते हुए वी. पी. को गिरफ्तार करवाया था—ऐसी अफवाह उस समय फैली थी। लेकिन उसको चाकरीबाज नागरिक होने के जुर्म में 'कैप्चर' किया है।

झापा कैप्चर्ड ! रँगली कैप्चर्ड !!

भदरपुर कैप्चर्ड !!!

मालगोदाम कैप्चर्ड—अर्थात् मिल का खाली मालगोदाम, जिसमें सोशलिस्टों का 'रैनबसेरा' था—उसे रँगरूट सैनिकों का बैरक बना दिया गया है। इस बैरक का इंचार्ज कपिलदेव को बनाया गया है। सोशलिस्ट

कपिलदेव...

मुक्तिसंग्राम के पूर्वी मोर्चे पर पूर्णिया जिले के डेढ़ सौ सोशलिस्टों के अलावा बंगाल के भी आधा दर्जन समाजवादी आकर डटे हुए हैं। एक दर्जन से अधिक सोशलिस्ट हेड क्वार्टर में विभिन्न विभागों के उत्तरदायित्वपूर्ण पदों पर मुस्तैदी से काम कर रहे हैं। पच्चीस सोशलिस्ट गेर्रिलों को ही याकथुंबा ने अपने काम का समझा है। सबसे ज्यादा भरोसा कुलदीप झा पर है—याकथुंबा को, ईस्टर्न कमांड के चीफ को, तथा? सर्वाधिनायक सुवर्ण शमशेर-टुकड़ी—अग्रगामी दल—का दलपति उन्हें ही चुना गया है और सकलदीप उर्फ शैलेंदर उर्फ रहीम उनके सहायक। कामरेड लखनलाल कपूर ...सभी 1942 के 'आजाद दस्ता' के अनुभवी और बहादुर लड़ाके—जिनके नामों को सुनकर ही 'टॉमी' और 'बलूच' सिपाही थर-थर काँपते थे।

बंगाल के समाजवादियों में भोला चैटर्जी। गेर्रिला-युद्ध की ट्रेनिंग देने से शुरू करके विदेश से, मित्र-देशों से अस्त्र-शस्त्र लाने का काम उसने किया है। डॉक्टर लोहिया ने वी. पी. से इस बहादुर बंगसंतान का परिचय देते हुए कहा था : "यह स्वयं एक भीषण मारात्मक विस्फोटक पदार्थ है..."

कलकत्ते से तारापद बाबू के नेतृत्व में कई नौजवान आए हैं, जो 'लेबोरेटरी' (प्रयोगशाला) में काम कर रहे हैं। ठीक, ईस्टर्न कमांड।

एक और सोशलिस्ट कामरेड है जो गुरुत्वपूर्ण पद पर है, यानी 'किचेन फ्रंट' का कमांडर मधुसूदन सिंह। वह दिन-रात इस जाड़े के मौसम में भी पसीने से लथपथ हो रहा है। सदा तारस्वर में बातें करनेवाला। आज वह तनिक उदास है। कहता है—"यार ! किचेन फ्रंट पर एक बार आकर देखो—एक ही दिन में सारी 'फुटफुटी' गायब हो जाएगी ! आज मोर्चे के जवानों ने ट्रेंच में लंच नहीं खाया। यार, पता नहीं क्या बात हुई !"

छः

एक बंगला कहावत है—ढेंकी अगर स्वर्ग भी जाएगी तो वहाँ भी उसको धान कूटना पड़ेगा। अब तक पूर्णिया जिला में सोशलिस्ट पार्टी के जितने भी सम्मेलन हुए और शिविर चलाए गए, सभी के भोजनालय विभाग को सुचारु रूप से चलानेवाला साथी मधुसूदन, यहाँ आकर भी अर्थात् लड़ाई के मैदान में भी, सात-आठ सौ व्यक्तियों को तीन जून भोजन 'सप्लाई' करने के काम में जुटा हुआ है। तीन बजे भोर को ही अपने दल-फौज के साथ 'किचेन' में आकर कोयला सुलगाना शुरू कर देता है। बड़े-बड़े कड़ाहों और देगों को माँजने की आवाज ब्राह्मवेला में ठीक झाँझ-करताल के साथ बजनेवाले पूजा के ढोल की आवाज जैसी सुनाई पड़ती है। सात सौ व्यक्तियों को अहले सुबह चाय—ठीक डेढ़ बजे दोपहर का भोजन, तीन बजते-बजते चाय और रात में आठ से दस बजे तक रात्रि-भोजन की दैनिक व्यवस्था हँसी-खेल नहीं। और कामरेड मधुसूदन रसोई बनानेवाले पाचकों को सिर्फ़ हुक्म नहीं देता—खुद हाथ में छोलनी या छनौटा अथवा बड़ी कलछी लेकर—बड़े-बड़े दहकते भट्ठों पर चढ़े कड़ाहों में 'मटनकरी' या 'वेजिटेबल स्टू' पकाता हुआ कभी वह मसाला पीसनेवाले को सतर्क करता है—"अरे भाई ! हलदी के खराब गाँठ नहीं पहचानते तो क्यों पीसने गए हो मसाला ! चलो, पानी भरो जाकर।" कभी याद दिलाता है—"ए भाई ! हास्पिटल का खाना अब तक गया है या नहीं ?...ए संतरी ! किचेन में बाहरी आदमी को मत आने दो...हाँ-हाँ... पाँच बार बाहर जाओ या सौ बार, आते-जाते संतरी को तलाशी देनी ही पड़ेगी...ए बाबाजी...ट्रेंच जवानों के लिए पच्चीस-तीस थरमस चाय चाहिए। पुर्जी लेकर गोदाम से कंडेंस्ड मिल्क ले

आइए और कहिएगा कि डिब्बे की मछली कोई जवान छूता तक नहीं—लगता है खराब हो गया है...अरे यार ! यहाँ सोशलिस्ट पार्टी के सम्मेलन के डेलीगेट नहीं जो सिर्फ हो-हल्ला और नारा लगाकर—बिना तरकारी के भात खा लेंगे। मैं सभी से फिर कह रहा हूँ—मोर्चे पर जानेवाले जवान से कोई 'बकटेटी' (बेकार बहस) मत करना। छोटकू बाबाजी से पूछो—आज बच गए छोटकू बाबाजी..."

छोटकू बाबाजी कह रहा है—"अरौ बाबा ! आजि हमर बुँझू जे प्राण बचि गेल। एहेन सुतारि कै चाहक गम हमरा पर फेंकलक..."

छोटकू बाबाजी की बोली सुनकर सभी हँसते हैं। नेपाली कांग्रेस के सभापति मातृकाप्रसाद के अति प्रियपात्र। इन्हें देखते ही वह मैथिली में बोलने लगते हैं। और छोटकू पंडित आज तक 'कप' को 'टब' और 'मग' को 'गम' ही कहता है।

मातृका बाबू हँसते हैं—"सुतारि कै की फेंकलक ?"

"जी ! वैह की जे कहैछै... ?"

मधुसूदन कहता है—"एक जवान चीनी माँग रहा था बहुत देर से। छोटकू बाबाजी लगे कानून बघारने कि दो चम्मच से फाजिल चीनी देने का 'औडर' नहीं है। कि 'औडर' शब्द सुनते ही वह अगिया बैताल—औडर ? औडर...किस्का औडर ? तुम्हारा ? तुम हमारा कमांडर होता है ? तुम औडर देगा...मूजी-ई...पूरे मग की चाय उछालकर छोटकू की ओर फेंककर चला गया..."

"आ गए, आ गए ! दोनों सेनापति आ गए !!"

पश्चिमी मोर्चे का दौरा करके मेजर जनरल सुवर्ण अभी-अभी आए और ईस्टर्न कमांड के साथ अगले मोर्चे पर मुक्ति-योद्धाओं से मिलने के लिए जा रहे हैं। वी. पी. के साथ बॉडीगार्ड जा रहे हैं तारिणीप्रसाद और भोला चैटर्जी। वी. पी. ने 'पी. आर. ओ.' को भी साथ कर लिया है।...पी. आर. ओ. के राइफल ढोने के ढंग और मुद्रा को देखकर सभी हँसते हैं। मेजर जनरल ने प्रसन्न होकर पी. आर. ओ. को अपनी टामीगन भेंट करते हुए कहा—"बट डोंट फारगेट योर पेन..."

दो जीपों में लदकर वे चले अगले मोर्चे की ओर—जहाँ तीन दिनों से ट्रेंचों में मुक्तिसेना के जवान डटे हुए हैं... बाजार अड्डा के मोर्चे के पास ही

याकथुंबा अगुआनी के लिए उपस्थित था। उसने पहले एतराज जाहिर किया—अगली खाई तक जाना ठीक नहीं—बहुत जोखम है। लेकिन मुक्तिसेना के सर्वाधिनायक और ईस्टर्न कमांड ट्रेंच में लड़ते हुए एक-एक मुक्ति-योद्धा से मिलना चाहते हैं। अतः याकथुंबा बहुत सतर्कतापूर्वक अपने अफसरों को लेकर आगे बढ़े—अब लेट जाइए...पेट के बल 'क्राल...हाँ...अब एकदम पेट के बल पड़े रहिए—दुश्मन फायरिंग कर रहे हैं...कई मिनट बाद जब मशीनगन चुप हुई तो वे फिर आगे बढ़े...

ट्रेंचों की अवस्था देखकर अचरज होता है--इनमें तीन दिनों से कैसे पड़े हुए हैं ये लोग ?

मुक्तिसेना के प्रत्येक योद्धा की एक ही प्रार्थना है—बुलेट, मारक विस्फोटक बम, हथगोले और भेजिए। दुश्मन की पच्चीस गोलियों के बाद हमें एक गोली छोड़ने का हुक्म है...हमें फाइनल हमले का हुक्म दिया जाए। ट्रेंच में इस तरह पड़े रहने से अच्छा है घायल होकर अस्पताल के बेड पर... नहीं—नहीं...भोजन में कोई गड़बड़ी नहीं—खाने को जी नहीं करता...

मेजर जनरल ने एक-एक मुक्ति-योद्धा को प्यार से कहा—"साथी ! घबराओ मत। बहुत जल्दी ही प्रचुर मात्रा में बुलेट और अन्य अस्त्र-शस्त्र आ रहे हैं..."

'फील्ड हास्पिटल' में चार सर्जन और पंद्रह नर्स घायलों की सेवा कर रहे हैं। सानो आमाँ, नलिनी दीदी, इंदिरा, विजयलक्ष्मी और नूना भाभी— कोइराला-निवास की माँ, बेटियों और बहुओं के साथ नगर के प्रतिष्ठित घरों की लड़कियाँ स्वयंसेविका के रूप में दिन-रात फिरकी की तरह घूमती रहती हैं।

सर्वाधिनायक की पार्टी हास्पिटल का परिदर्शन करके लौटी ही थी कि हेड क्वार्टर में भीषण धमाका...धड़धड़-धड़ाम !!...ठीक मेजर जनरल के दफ्तर के बगल में...धरती काँप उठी...धुएँ का काला गुब्बार बढ़ता हुआ सारे मिल के आकाश को आच्छादित करता जाता है...सभी धरती पर लेट गए...बारूद और गंधक की जलती हुई गंध...मुक्तिवाहिनी ने लगातार कई राउंड फायर किया...दुश्मन...दुश्मन...??

नहीं, दुश्मन नहीं ! दोस्त...कामरेड तारापद अपने चार साथियों के साथ प्रयोगशाला में काम कर रहे थे। असावधानी से एक ग्रेनेड गिरकर फूटा और सभी तैयार बम और गोले एक साथ... विस्फोटक धड़धड़ाकर फटने

लगे...दीवारों में दरारें...ध्वंस...ईंट-सिमेंट, रक्त...रक्त, ध्वंसावशेष...तारापद बाबू और उनके साथियों की लाशों की चित्थियाँ...मांस के कुचले और जले हुए कई लोंदे मात्र...और कुछ नहीं...न किसी का सिर, न किसी का पैर... हड्डियाँ चिंदी-चिंदी... एक वीभत्स दृश्य।

सात

शेल-शॉक ?

भोला चैटर्जी, तारिणीप्रसाद कोइराला और 'पी. आर. ओ.' को 'शेल शॉक' लगा है, शायद ! तीनों कई घंटे तक 'एबनार्मल' की तरह बड़बड़ाते और चुप हो जाते। और चुप्पी ऐसी कि जोर से पुकारने पर भी कोई जवाब नहीं !

नेपाली कांग्रेस के सभापति मातृकाप्रसाद—सारे शिविर के 'ठुलो दाज्यु'—बड़े भैयाजी हैं। उस रात को वह इन तीनों के कमरे में ही बहुत देर तक बैठे रहे।

उसी भीषण विस्फोट के बाद—तारापद बाबू तथा उनके साथियों की आकस्मिक और समूह-मृत्यु के बाद—मुक्तिसेना के हेड क्वार्टर में कई घंटों तक ऐसा सन्नाटा छाया रहा कि जिसकी याद करके मातृका बाबू आज भी रवींद्रनाथ ठाकुर की इन पंक्तियों को दुहराने लगेंगे—"नमि हे भीषण, मौन, रिक्त ! एस मोर भाँगा आलए, हस्ते तोमार लौह-दंड बाजिछे लौह बलए...!!"

उस रात की भीषण उदासी को गौरव प्रदान करने के लिए 'ठुलोदाज्यु' (मातृका बाबू) ने रवि ठाकुर की और भी कई पंक्तियों की आवृत्ति की थी, धीरे-धीरे सस्वर गाया भी था—"ओगो मरण हे मोर मरण हाय एमनि करे कि उचो चोर चुपि-चुपि एसे... ?"

'पी. आर. ओ.' बड़बड़ा उठा था—"चुपि-चुपि नहीं। चोरी-चोरी नहीं, इसे डकैती कहिए—धमाके के साथ आगमन...!"

मातृका बाबू इन भावुक युवकों की मनोदशा को समझ रहे थे, अच्छी

तरह। वह बड़े भैयाजी का कर्तव्य पालन करते रहे। इनके दिलों में चुपचाप व्याप्त होनेवाली शून्यता और रिक्तता को दूर करने के लिए उन्होंने एक 'बाउल गीत' भी गाकर सुनाया। और अंत में, स्वरचित एक नेपाली गीत– "साथी अब कति टाढ़ा जाने...साथी अब और कितना दूर जाना है ?"

और उनके इस सवाल का जवाब दिया–बीस मील उत्तर-पश्चिम कोसी के कुसहा घाट से, अग्रगामी टुकड़ी के अधिनायक डॉक्टर कुलदीप झा ने–"मंजिल करीब ला रहे हैं हम !"

कुसहा घाट से आए हुए 'विशेष संवाद' ने हेड क्वार्टर के मनहूस वातावरण को पलक मारते दूर कर दिया। सभी इस संवाद को सुनकर जग गए हैं–सर्वाधिनायक से लेकर संतरी तक...तो, वह सकुशल हैं ?

पिछले दो दिनों से चेष्टा करने पर भी एडवांस फोर्स की टुकड़ी का कोई संवाद हेड क्वार्टर को नहीं मिल सका था। कोई अता-पता नहीं। तारापद बाबू और उनके साथियों की मृत्यु के बाद हेड क्वार्टर के कई कोनों में एक आशंका कभी-कभी प्रबल हो जाती थी–संभवतः एडवांस फोर्स के सभी जवान किसी कुचक्र के शिकार हो गए। युद्धभूमि के अनुभवी सैनिकों का कहना है–कभी-कभी खराब समाचार आने लगते हैं तो लगातार कई दिनों तक बस 'बैड न्यूज' ही आते रहते हैं चारों ओर से...!

डॉक्टर कुलदीप झा ने एक लंबी चिट्ठी लिखी है। अग्रगामी टुकड़ी वास्तव में खतरे में पड़ गई थी। धनकुट्टा के 'कम्मी-कामरेडों' ने विश्वासघात नहीं–'सेबटाज' भी किया। अगर खिरियाही पुल के पास ट्रकों को रोककर अधिनायक ने पुल की परीक्षा नहीं की होती तो 'एडवांस फोर्स' के सभी जवान एक ही साथ मौत के मुँह में समा जाते। हमारे ये नए दुश्मन पुल की पटरियों को हटाकर पास की झाड़ियों में छिपे बैठे थे। डॉ. कुलदीप ने अपने जवानों को सिग्नल दिया और वे ट्रकों से उतरकर 'पोजीशन' लें, इसके पहले ही पुल के उस पार तराई में राइफलों की आवाज गूँजती रही।

...हमारे दो जवान–दोनों ड्राइवर–ट्रकों के साथ लापता हैं...क्या वे वहाँ पहुँचे हैं ?... हम सकुशल कोसी के कुसहा घाट के आसपास व्यूह-रचना करके दुश्मन की प्रतीक्षा कर रहे हैं... तराई में, अग्रगामी टुकड़ी के टोह लेनेवाले जवान गिरिजा और शिवजंग के नेतृत्व में सदा सतर्क होकर घूम रहे हैं। जय नेपाल !

कमांडर कुलदीप झा ने अपने पत्र में अपनी एक सलाह भी लिख भेजी है ! विराटनगर सुगर मिल के फार्म में कई 'बुलडोजर' पड़े हुए हैं। उनमें से एक को टैंक में कनवर्ट करवाया जाए, तो किले की दीवार को तोड़कर हमला करना सहज हो जाए...

लेकिन संग्राम-समिति का विश्वास : 'टैंक' की जरूरत नहीं होगी। एक-दो दिनों में कर्नल उत्तमविक्रम स्वयं घुटने टेक देगा।

और इसी का नाम है—युद्धभूमि !!

सुबह की रोशनी के साथ ही सारी उदासी—भीषण मौन और रिक्तता—दूर हो रही है। चारों ओर फिर प्रसन्नता, चंचलता, कार्यव्यस्तता। सर्वाधिनायक का उस दिन का हुक्म—"पूर्ववत् घेरा डाले रहो...!"

मिलेटरी गवर्नर का आदेश—"शहर खाली कीजिए। इवेकुएशन...!"

शहर खाली करवाने के पहले विराटनगर मोर्चे का कमांडर याकथुंबा हेड क्वार्टर में आया है। ईस्टर्न कमांड के चीफ ने उन्हें बुलाया है। वी. पी. शहर खाली करवाने से पहले एक बार कर्नल उत्तमविक्रम से 'अपील' करना चाहते हैं...

"अपील ?"—याकथुंबा अचरज से पूछता है—"मोर्चे पर...अपील...? यो कसरी हुन सक्छ...यह कैसे हो सकता है ?"

"क्यों ? लाउड स्पीकर की आवाज किले की दीवार के उस पार तक नहीं पहुँचेगी ?...पुग्दैन ?"

"पुग्न लाई त सिंघिया नदी पर्यंत पुग्छ...पहुँचने को तो सिंघिया नदी तक आवाज पहुँच सकती है। लेकिन यह उत्तमविक्रम के दिल-दिमाग तक पहुँचेगी, इसमें मुझे संदेह है। और इसकी जरूरत ही क्या है ?"

"जरूरत है।"—वी. पी. दृढ़तापूर्वक कहते हैं।

एक ओर, फौजी पोशाक में एक संवेदनशील, उच्च शिक्षित, सही मानवमूल्यों में विश्वास करनेवाला मधुरभाषी बुद्धिजीवी नेपाली है और दूसरी ओर, सैनिक अकादेमी का प्रशिक्षित शत-प्रतिशत फौजी नेपाली, जिसके सिर में दिमाग की जगह पर 'मिलेटरी मैनुअल' रखा हुआ है। मैनुअल में, मोर्चे से दुश्मन के नाम अपील करने की बात कहीं नहीं ! ईस्टर्न कमांड

के चीफ तर्क करते हैं–"उत्तमविक्रम की हठधर्मी अथवा मूर्खता के कारण सैकड़ों नेपाली जवान मारे जाएँ–यह मैं नहीं चाहता। मुझे लगता है, उत्तमविक्रम और उसके पुत्र अपनी सुरक्षा का खयाल करके...अर्थात् वे समझते हैं कि पकड़े जाने पर उन्हें तुरंत गोली से उड़ा दिया जाएगा। शायद, इसीलिए..."

याकथुंबा तर्क नहीं करता। वह 'एटेंसन' की मुद्रा में खड़ा हो गया है। अब वी. पी. कह रहे हैं–एक-एक प्रशिक्षित नेपाली जवान की क्या कीमत है, हम जानते हैं...आज वे गरीब राणा के साथ हैं, उनके हुक्म से गोलियाँ चलाते हैं। कल वे ही नेपाली प्रजातंत्र सरकार के सैनिक होंगे...!"

एक जीप पर लाउड स्पीकर के सारे सामान–बैटरी, एंपलीफायर, हॉर्न और माइक आदि लादे जा रहे हैं। दूसरी गाड़ी पर याकथुंबा के साथ वी. पी. की पार्टी–अर्थात् दोनों अंगरक्षक भोला चैटर्जी और तारिणीप्रसाद। आज वी. पी. ने 'पी. आर. ओ.' से साथ चलने को नहीं कहा। वह ईस्टर्न कमांड के साथ चलने की अनुमति माँगता है–"वहाँ तो आप भाषण देंगे न ? तब तो मेरे विभाग के किसी व्यक्ति को वहाँ उपस्थित रहना चाहिए। न्यूज कवर करने को।"

वी. पी. हँसते हैं। किंतु तारिणी और भोला चैटर्जी व्यंग्य करते हैं–"अरे यार पी. आर. ओ.–तुम कहाँ चलोगे ?...हू विल कवर यू ?"

वी. पी. की अनुमति पाकर 'पी. आर. ओ.' जवाब देता है–"अकेला कहाँ हूँ ? यह रही मेरी 'रक्तपा' और वह 'सिद्धिदा'।"

'पी. आर. ओ.' ने सर्वाधिनायक-प्रदत्त अपनी 'टामीगन' को नाम दिया है 'रक्तपा' और उसके सभी मित्र तथा आत्मीय जानते हैं, 'सिद्धिदा' उसकी 'पार्कर-51' कलम का नाम है।

बाजार अड्डा मोर्चे के पास दोनों गाड़ियाँ रुकीं। 'रिजर्व' के जवानों ने 'लाउड स्पीकर' के सामान के साथ ऑपरेटर को अगले मोर्चे तक पहुँचाया। बाद में स्वयं याकथुंबा और सी. बी. सुब्बा–वी. पी. की पार्टी को 'कवर' करके मोर्चे की ओर बढ़े।

मोर्चे पर पहुँचकर पता चला–आज सुबह से राणाशाही गोलाबारी की गति तनिक मंद है। मुक्ति-सैनिकों को राणाशाही के बीस राउंड के बाद

एक 'राउंड' से ज्यादा गोली चलाने की आज्ञा अब भी नहीं दी गई है। इसलिए प्रत्येक मुक्ति-फौजी के चेहरे पर 'बोरडम' (एकरसता) से उत्पन्न रेखाएँ अंकित हैं।

अब, ईस्टर्न कमांड के चीफ की 'अपील', ध्वनिविस्तारक यंत्र की सहायता से—गोस्वारा-कचहरी की दीवारों से टकराकर प्रतिध्वनित होने लगी—"कर्नल साहब...कर्नल उत्तमविक्रम राणाजी ! कृपया ध्यान दें...कर्नल उत्तमविक्रम...अगर आप तक मेरी आवाज पहुँच रही हो तो...थोड़ी देर के लिए फाइरिंग बंद करवा दें। मैं—मुक्तिसेना के पूर्वी कमांड का चीफ—वी. पी. कोइराला—आज आपके सामने एक 'अपील' लेकर उपस्थित हुआ हूँ...हम राणातंत्र के दुश्मन हैं, राणाओं के नहीं। हमारी मुक्ति-फौज के अधिनायक राणा ही हैं। कई प्रमुख राणा-परिवार के नौजवान, मुक्तिसेना के अधिनायक और साधारण सैनिक हैं। आपके जैसे अनुभवी शासक की जरूरत नेपाल की किसी भी सरकार को पड़ेगी...यह निश्चित है कि विजय अंततः नेपाली जनता की ही होगी। मुझे उम्मीद है कि आप अपने देश की जनता का साथ देकर खोया हुआ अवसर...याद रहे, हम अपने देशवासियों का रक्त व्यर्थ ही नहीं बहाना चाहते। आप जनता की इस लड़ाई में शरीक हों, आप जिस पद पर हैं—सामयिक सरकार आपको उसी पद पर बरकरार रखेगी। इस संबंध में अगर आप विस्तारपूर्वक बात करना चाहें तो मैं इसके लिए भी तैयार होकर आया हूँ। दोनों ओर से सफेद झंडे फहराए जाएँ। आप किले से अपने अंगरक्षकों के एक दस्ते के साथ बाहर निकलकर 'हुलाख' (पोस्ट ऑफिस) के बरामदे पर आने की कृपा करें, मैं भी आगे बढ़कर उस जगह पर पहुँचता हूँ। अगर आप चाहें तो... !"

किले की दीवार के उस पार एक सफेद झंडा ऊपर की ओर उठ रहा है। उठता ही जा रहा है। हाँ, सफेद झंडा ! सुबुद्धि की जय हो ! इधर भी सफेद झंडा लहरा उठा।

उधर, किले का लौह कपाट खुला—सशब्द। फिर वी. पी. मुक्तिवाहिनी के दोनों अधिनायकों और सशस्त्र जवानों के साथ—ट्रैंच से बाहर निकलकर—आगे बढ़े।

किंतु वे दस कदम भी नहीं बढ़े होंगे कि सामने से किले की छत पर फिट मशीनगन अट्टहास कर उठी—टटटटटट...टटटटट...टट... !!

याकथुंबा और सी. बी. सुब्बा दोनों एक ही साथ वी. पी. को 'अँकवार' में भरकर यंत्र-चालित मशीन की तरह फुरती से जमीन पर लेट गए और लुढ़कते हुए ट्रेंच में गिरे। कई जवान बुरी तरह घायल हुए। और पंद्रह-बीस मिनट तक दोनों ओर से जैसी गोलाबारी हुई वैसी कई दिनों से नहीं हुई। मुक्तिसेना के जवान पागल हो गए हैं—सफेद झंडा दिखलाकर फाइरिंग ? ऐसी दगाबाजी ?...इसका मजा चखाना होगा। ट्रटठाँय-ठाँय-ठाँय !!

उस दिन कर्नल उत्तमविक्रम तथा उनके दोनों पुत्रों को पूरा विश्वास हो गया था कि उनकी 'धोखाधड़ी-गोलाबारी' सफल हुई यानी वी. पी. कोइराला मर गए। मुक्तिसेना के 'बेतार-ऑपरेटर' ने उस दिन कर्नल उत्तमविक्रम की 'आकाशवाणी' (राणा सरकार के शासन के समय नेपाल 'वायरलेस विभाग' का नाम आकाशवाणी ही था !) को जितनी बार 'इंटरसेप्ट' किया, उत्तमविक्रम यही संवाद बार-बार काठमांडो भेज रहा था—हमने वी. पी. के जीवन का अंत कर दिया... ।

"हाँ—घायल नहीं, एकदम समाप्त...वह निश्चित रूप से मारा गया है... ।"

वी. पी. तथा उसकी पार्टी के सदस्यों को हेड क्वार्टर में सकुशल पहुँचाने के बाद ही, याकथुंबा के चेहरे पर उसकी सहज और स्वाभाविक मुसकराहट लौट आई—"रणचंडी की विशेष और असीम कृपा है हम पर अन्यथा आज... !"

"जय नेपाल कमांडर !"

याकथुंबा प्रसन्नता के मारे उछल पड़ता है—"साथी पूरनसिंह ? कब आए ?"

नेताजी सुभाषचंद्र बोस की 'आजाद हिंद फौज' का प्रसिद्ध लड़ाका पूरनसिंह अपने कई 'मिलटरी मैकनिक' साथियों के साथ आया है—सर्वाधिनायक सुवर्ण का संदेश पाकर। आते ही उसने सबकुछ सुनने के बाद—कैटरपिलर बुलडोजर को टैंक में परिणत करने के सुझाव का समर्थन किया है। आज रात से ही वह अपने साथियों के साथ जूट मिल के बड़े 'वर्कशाप' में लोहे की चद्दरों की 'वेल्डिंग-मौल्डिंग' का कारोबार शुरू कर देगा।

इवेकुएशन ! एवेकुएशन !!

"शहर खाली कीजिए !"

विराटनगर शहर खाली हो रहा है। खाली करवाया जा रहा है। ट्रकों पर लदे हुए सामान—बिस्तर, ट्रंक, रेडियो, सिलाई की मशीन, पेट्रोमेक्स, पंखे, ग्रामोफोन...पालतू कुत्ते-बिल्ली, तोता-मैना, काकातुआ...!!

"घबराइए नहीं। पच्चीस ट्रक हैं। बारी-बारी से एक-एक परिवार को सकुशल सुरक्षित स्थान में—इवेक्वी कैंप में—पहुँचा दिया जाएगा। आपस में झगड़ें नहीं। अपने घरों और गोदामों में ताले लगा दें... पहले गर्भवती महिलाओं को—बूढ़ों, बच्चों और बीमारों को पहले जाने दीजिए—प्लीज, प्लीज, गुलगपाड़ा एकदम नहीं—आपकी सहायता के लिए हर मुहल्ले में, हर गली में मुक्तिसेना के सशस्त्र स्वयंसेवक तैनात हैं—स्वयंसेविकाएँ भी हैं—भाग-दौड़, होहल्ला नहीं—होशियारी से—पैदल जानेवाले भाइयो ! मुक्ति-सैनिकों की बात का अक्षरशः पालन करें—उनके बताए हुए रास्ते से चलें। वे जैसा कहें, करिए—हाँ, दूसरा ट्रिप... तीसरा खेप... ट्रक और जीप गाड़ियाँ जा रही हैं—घबराइए नहीं—स्वयंसेवकगण शांति से काम लें, कृपया।"

विराटनगर की सड़कों, गलियों और नुक्कड़ों पर 'पिकेट' करते हुए मुक्तिसेना के संतरी अवाक् और हैरान हैं—ऐसा तो कभी नहीं देखा। न बर्मा में, न इंफाल में और न कोहिमा में—कहीं भी नहीं। औरतें, जवान लड़कियाँ, मुर्गे-मुर्गियाँ, भेड़-बकरे, रुपए-पैसे सभी सुरक्षित जा रहे हैं। सर्वाधिनायक की चेतावनी उनके कान के पास प्रतिध्वनित हो जाती है—"हम लुटेरे सैनिक नहीं। हम मुक्ति-सैनिक हैं—हम नेपाल की जनता के सिपाही हैं..."

ट्रकों की निरंतर 'आवाजाही' से सड़कों पर सदा धूल के विशाल बवंडर मँडराते रहते हैं...स्मोक-स्क्रीन...प्राकृतिक धूमजाल !!

पूरनसिंह अपने साथियों के साथ 'वर्कशाप' की भट्टी को सुलगा चुका है। वर्कशाप में रह-रहकर प्रज्वलित होनेवाली नीली रोशनी आसपास की इमारतों की दीवारों पर चकाचौंधपूर्ण इंद्रजाल की सृष्टि कर जाती है, रह-रहकर। बड़े-बड़े हथौड़ों से जब लोहे की 'पिटाई' होने लगती है तो हेड क्वार्टर की सभी इमारतों में लगे लोहे खनकने लगते हैं।

और ठीक उसी समय हेड क्वार्टर के नए और बड़े बेतारकक्ष में बाहर से आए हुए वायरलेस-इंजीनियर साहब, 'पावरफुल ट्रांसमीटर' बैठा रहे हैं। टेस्ट कर रहे हैं–हैलो-हैलो !!...पूरनसिंह के वर्कशाप के हथौड़े की चोट पर ट्रांसमीटर की 'मैजिकआइज' की रोशनी काँप-काँप जाती है।

दो दिन पहले, 'पी. आर. ओ.' और उसके लँगोटिया यार नेपाली के तरुण और यशस्वी कथाकार–तारिणीप्रसाद कोइराला–ने मिलकर संग्राम-समिति के सामने एक आवश्यक सुझाव रखा था–"हमारे साधारण वायरलेस का 'रेंज' काठमांडो, गोरखपुर, बनारस, कलकत्ता, दार्जिलिंग तक है। क्यों नहीं हम बाजाब्ता ब्रॉडकास्ट करवाना शुरू कर दें ?"

सर्वाधिनायक ने इस सुझाव को मानकर, हवाई जहाज भेजकर नया ट्रांसमीटर और बड़े इंजीनियर को बुलवाया है। कल सुबह आठ बजे से ही 'शार्ट वेव' के 41 मीटर बैंड पर 'प्रजातंत्र नेपाल रेडियो' का प्रसारण शुरू हो जाएगा। सभी पत्र-प्रतिनिधियों को समय और मीटर की पूरी सूचना दे दी गई है।

'पी. आर. ओ.' को बहुत मुश्किल से एक कीर्तन-मंडली का पुराना हारमोनियम मिला। लेकिन रात के ग्यारह बजे तक 'पी. आर. ओ.' तथा तारिणीप्रसाद 'डुग्गी-तबला' की जोड़ी की खोज में जोगबनी के बाजार में भटकते रहे। सभी को अचरज होता है–फौजियों को हठात् हारमोनियम-तबला की जरूरत क्यों पड़ गई ? और जब 'इवेक्वी कालोनी' में वे किसी सुकंठ गायक अथवा गायिका की तलाश करने पहुँचे तो दोनों की नीयत पर भी संदेह किया जाने लगा–कमांडर को सूचना देनी होगी ?... खाकी वर्दी, मुँह से हर्क्युलिस रम की तीव्र गंध और किसी गानेवाली की रात में खोज ?...दोनों बहुत रात तक भटकते रहे।

दूसरे दिन सुबह, सात बजकर तीस मिनट तक भी कोई गायक नहीं मिला। तब वायरलेस विभाग के ही दो-तीन कार्यकर्ताओं को लेकर 'जययात्रा' का रिहर्सल शुरू किया गया। चीफ ऑपरेटर लामा ने संकेत दिया। सबसे पहले उसने कई बार–'दिस इज़ प्रजातंत्र नेपाल रेडियो टेस्टिंग ऑन फोर्टीवन मीटर बैंड'–दुहराया। और आठ बजते ही हारमोनियम और डुग्गी के ताल पर–"नेपाली, नेपाली आगि बढ़दै, बढ़दै जाऊ क्रांति झंडा ले" गीत का प्रसारण प्रारंभ हो गया !

तारिणी हारमोनियम बजा रहा था और डुग्गी पर ताल दे रहा था 'पी. आर. ओ.' —डम-डम-डम। नेपाली-नेपाली ! !

"जय नेपाल !"—प्रजातंत्र नेपाल रेडियो पर तारिणी का प्रथम अभिवादन !!

"डम-डम-डम—नेपाली-नेपाली..."

"यो प्रजातंत्र नेपाल रेडियो है। हामी नेपाल को मुक्ति क्षेत्र बाट...!" तारिणी नेपाली में खबरें सुनाने लगा।

"यह प्रजातंत्र नेपाल रेडियो है।"—'पी. आर. ओ.' ने हिंदी में समाचार पाठ किया—"हमारे दिल्ली स्थित संवाददाता ने अभी-अभी खबर दी है कि मोहन शमशेर के दो दूत, जनरल केशव और विजय शमशेरजंग पिछली रात को दिल्ली पहुँच गए हैं...झापा पर मुक्ति-सैनिकों ने कब्जा कर लिया है...धनकुट्टा के रास्ते में खिरियाही पुल के पास मुक्तिसेना की एडवांस टुकड़ी ने जमकर मुकाबला किया..."

"यू आर ट्यूंड टु प्रजातंत्र नेपाल रेडियो...!"

अंग्रेजी समाचार बुलेटिन विजयलक्ष्मी के स्वर में।

उस दिन प्रजातंत्र नेपाल रेडियो के 'फिल्म-स्टूडियो' से प्रसारण के बाद जब वे बाहर निकले—सर्वाधिनायक सुवर्ण, वी. पी. तथा एम. पी. सभी एक साथ बधाई देने के लिए प्रसन्न खड़े थे—"शाबाश !... वाह !!"

'पी. आर. ओ.' ने मातृकाप्रसाद से अनुमति माँगी—"आज दोपहर की सभा में—आपका गीत—'साथी अब कति टाढ़ा जाने' प्रसारित किया जाएगा...तारिणी गाएगा। क्या आप रिहर्सल के समय कुछ देर के लिए स्टूडियो में पधारने की कृपा करेंगे ?"

ठुलोदाज्यु ने हँसते हुए कहा—"जो हुक्म !... हुंछः"

आठ

कोसी का कुसहा घाट !

घनी तराई को दो हिस्सों में बाँटती हुई हिमालय की प्रसिद्ध नदी कोसी अर्थात् कोसी मैया, दूर तक फैली हुई श्वेत, सैकतशय्या पर लेटी है। कार्तिक-अगहन में, इस घाट पर कोसी 'तन्वंगी' तो है, किंतु श्रांत-क्लांत-निश्चल नहीं। कलकल-वाहिनी प्रखर तरंगिनी है। पहाड़ी के नीचे उतरने के बाद—कोसी का यह दूसरा अथवा तीसरा घाट है—कुसहा; जहाँ मुक्तिसेना की अग्रगामी टुकड़ी के कमांडर डॉक्टर कुलदीप झा पिछले कई दिनों से व्यूह-रचना करके सतर्क बैठे हैं। घाट की सभी नावें और डोंगियाँ डुबो दी गई हैं।

कुहरा-कुहासा चारों ओर व्याप्त। सूरज उगने के दो घंटा बाद भी कुहरा छँटा नहीं है। तराई की हरियाली पर गहरा सफेद आवरण ! और सुबह चलनेवाली पहाड़ी हवा के साथ शीतलहरी !! इस पार से उस पार तक दृष्टिपथ को घेरकर रखनेवाले सफेद आवरण पर कहीं कोई धब्बा नहीं।

सूरज ने तराई से और ऊपर उठकर अपनी किरणों से इस श्वेत आवरण को कई स्थानों पर चीरना शुरू कर दिया। और तब कमांडर झा ने देखा—घाट के उस पार...उस पार बालू पर क्या है वह ?...गाड़ी पर नाव ?...अर्थात् वे आ रहे हैं ?...अरे रे ! दरिया में भी किश्तियाँ...रहीमजी ...दूरबीन ?

"दूरबीन पार्टी नंबर दो के पास है।"

"गाड़ी पर नाव है न ? और नदी में...?"

"मगर गाड़ियों में बैल या भैंसा नहीं—आदमी जुते हुए हैं।"

"वहाँ, बालू पर...तराई से पंक्तिबद्ध...?"

दुश्मन...दुश्मन ! तराई की हवा कुसहा मोर्चे के हर जवान के कानों के पास फिसफिसाकर कह गई—दुश्मन !

कमांडर के संकेत पर वे 'पोजीशन' लेकर तैयार हो गए। कमांडर ने हुक्म दिया और गोलाबारी शुरू हो गई।

कामरेड रहीम उर्फ शैलेंदर सिंह उर्फ सकलदीप के शब्दों में कुसहा घाट की इस लड़ाई का विवरण—"फायरिंग करते-करते राइफल की नली आग हो गई समझिए। फ्लास्क का पानी खत्म। खैर, किसी तरह नली को ठंडा किया। डॉक्टर साहब तब तक स्टेनगन से नाव पर बैठे दुश्मनों को भून चुके थे। दोनों नावों को डुबा चुके थे। उधर पार्टी नंबर दो दाहिने बाजूवाली खाई से फायरिंग किए जा रही थी। दुश्मन जब तक भौंचक रहा, सिर्फ हमारी गोलियाँ ही बोलती रहीं। मगर दुश्मन ने जब हमारा ठिकाना जान लिया, तो जवाब आने लगा। ऐसा जवाब कि समझिए झड़ी लगा दी। हम और डॉक्टर साहब जिस 'भिट्ठे' की आड़ में थे, वह ढहने लगा तो हम रेंग-रेंगकर दूसरी खाई में पहुँचे। पार्टी नंबर दो ने भी अपना ठिकाना बदला... एक ही दूरबीन, सो भी पार्टी नंबर दो के पास। डॉक्टर साहब बोले—'पार्टी नंबर दो चुप क्यों हो गई ?' उस पार से धुआँधार गोलियाँ आ रही थीं।

"डॉक्टर साहब घुटने के बल बैठकर स्टेनगन को ठीक करने लगे। मैं बोला, 'पेट के बल लेट जाइए।' डॉक्टर साहब इतने लंबे कि घुटने के बल बैठने पर भी पीठ दिखाई पड़े। पेट के बल पर हम दोनों लेटे रहे। फायरिंग रुकी तो फिर नया 'पोजीशन' लिया। डॉक्टर साहब ने पाँच मिनट तक गोली चलाई होगी। जिस वक्त पार्टी नंबर दो फायरिंग देने लगी, हम दोनों जगह बदलने के लिए 'सखुआ' पेड़ की आड़ में खिसकते हुए जा रहे थे कि डॉक्टर साहब के मुँह से निकला—'ओह !' मुड़कर देखा तो वह पेट पकड़े हुए थे। दुश्मन की गोलियाँ सामनेवाले पेड़ के तने के 'बाकल' को उधेड़ रही थीं। दुश्मन ने हम दोनों को अच्छी तरह देख लिया था। डॉक्टर साहब पेट पकड़कर रेंगते हुए ढलान से नीचे लुढ़क गए। हमको भी ऐसा ही करने को कहा। बोले—'फायरिंग बंद मत करिए ! जारी रखिए ! मगर जब हमने उलटकर देखा, तो डॉक्टर साहब खून से लथपथ थे। मैं

उनके पास पहुँचा तो हुक्म हुआ—'अपनी पार्टी के जवानों को पार्टी नंबर दो की मदद के लिए भेज दीजिए'... वही किया। लौटकर आया तो खुद अपनी कमीज फाड़कर, बूट की पट्टी खोलकर पेट पर बाँध रहे थे। हमको देखकर बोले—'अँतड़ी निकल गई है। सँभालकर अंदर करके पट्टी बाँध दीजिए।' पहले तो सोचा कि पार्टी नंबर दो को खबर दूँ। मगर डॉक्टर साहब को उस हालत में छोड़कर कैसे जाएँ ? आखिर अपनी राइफल और डॉक्टर साहब की स्टेनगन को अगल-बगल लटकाकर—डॉक्टर साहब को पीठ पर लादकर—पहाड़ी 'झोरा' (सूखी नाली) की राह पकड़कर मैं चला...''

घनी तराई का बीहड़ पथ। एडवांस फोर्स के घायल कमांडर को पीठ पर लादकर, कामरेड रहीम हेड क्वार्टर की ओर जानेवाली पगडंडी को खोज रहा है। कमांडर झा गंभीर रूप से घायल हैं। किंतु बेहोश नहीं—''साथी रहीमजी ! आप 'अकनेधी' का लत्तर पहचानते हैं ? संथाल लोग और अपने गाँव के लोग भी इसके पत्ते को पीसकर कटे हुए स्थान पर लगाते हैं। खून तुरंत बंद हो जाता है और फिर घाव सूखने पर ही लेप अपने-आप उतर जाता है। 'एंटीसेप्टिक' भी होता है और घाव को आराम करने में उस्ताद है यह जड़ी। मुझे किसी जगह पर रखकर झाड़ियों में ढूँढ़िए।'' कामरेड रहीम ढूँढ़कर 'अकनेधी' की लता ले आया है। डॉक्टर साहब मुसकराकर कहते हैं—''ठीक है। आप जंगली जड़ी-बूटी को पहचानते हैं।'' रहीम, पत्तियों को राइफल के 'बट' पर रखकर पत्थर से कुचलता-पीसता है। किंतु पट्टी को हटाकर घाव को देखते ही उसका सिर चकराने लगता है। डॉक्टर झा कहते हैं, ''कुछ ही दूर पर, इटहरी गाँव में एक डॉक्टर रहता है। उसके पास पेनिसिलिन होगी। अगर अभी एक सुई लग जाए...''

लेकिन डॉक्टर के पास पेनिसिलिन नहीं थी। और होती भी तो... ?

इटहरी पहुँचते-पहुँचते डॉक्टर झा की अवस्था नाजुक हो चुकी थी। उनकी बोली बंद हो चुकी थी। इटहरी पहुँचकर रहीम ने जब उनको बरामदे पर लिटाया, तो एक बार आँखों को खोलकर देखा। फिर एक लंबी साँस के साथ सब समाप्त !

सुबह आठ बजे का चला हुआ रहीम, शाम को पाँच बजे डॉक्टर झा

की लाश को लेकर हेड क्वार्टर में हाजिर हुआ। और दो मिनट के बाद एडवांस फोर्स की पार्टी नंबर दो का संदेशवाहक भी शुभ संवाद लेकर पहुँचा। डॉक्टर झा की लाश को मेजर जनरल के कमरे में बंद कर दिया गया। पार्टी नंबर दो के संदेशवाहक का लाया हुआ 'उत्साहवर्द्धक समाचार' तत्काल ही 'प्रजातंत्र नेपाल रेडियो' के दफ्तर में शाम के समाचार-बुलेटिन में प्रसारण के लिए भेज दिया गया। और तुरंत एक टुकड़ी कुसहा घाट की ओर चल पड़ी—एडवांस फोर्स की मदद करने के लिए।

"यह प्रजातंत्र नेपाल रेडियो है...एक विशेष संवाद सुनिए (फ्लैश !!!)... आज सुबह आठ बजे कोसी नदी के कुसहा घाट पर जमकर लड़ाई हुई। काठमांडो से विराटनगर को आती हुई राणाशाही की सेना की टुकड़ियाँ जब नावों पर लदकर नदी पार कर रही थीं, मुक्तिसेना के जवानों ने उन पर अचानक गोलाबारी शुरू कर दी और दुश्मन की दो नावों को डुबा दिया। डेढ़ घंटे तक मुकाबला करने के बाद हमारे जवानों ने दुश्मन को उस पार की तराई में खदेड़ दिया है...!!"

रात को साढ़े नौ बजे प्रजातंत्र नेपाल रेडियो की तीसरी सभा समाप्त करके 'पी. आर. ओ.' अपने कैंप में लौटा तो पहरे पर खड़ा संतरी साथी गिरधारी फूट-फूटकर रो पड़ा।

कैंप में चारों ओर हिचकियाँ-सिसकियाँ और घुटता हुआ क्रंदन !! सोशलिस्ट पार्टी के जनरल सेक्रेटरी नरसिंहनारायण सिंह की आँखें झर रही थीं और वह मानो 'बाय' में बोले जा रहे थे—"तुमने...अब तक डॉक्टर साहब से मुलाकात नहीं की ? रहीम कह रहा था--मोर्चे पर डॉक्टर साहब तुमको बार-बार याद करते थे...चलो, अपने प्यारे साथी कुलदीप झा से मिल लो।"

नेपाल-भारत की सीमारेखा के पास 'नो मैंस लैंड' के किनारे, भारत की भूमि पर एक चिता सजाई जा रही है। विराटनगर और जोगबनी के दस हजार मजदूरों के प्यारे और बहादुर साथी की अरथी उठ रही है। पूर्णिया जिला के किसानों का अगुआ लड़ाका और बिहार के विद्यार्थियों और नौजवानों के प्रिय 'भैयाजी'—लाल झंडे में लिपटे, फूल-मालाओं से लदे आ

रहे हैं...सावधान ! आगे-आगे मातमी धुन बजाती हुई बिगुलवादकों की टुकड़ी...धीरे-धीरे आ रही है...भारत-नेपाल मैत्री अमर हो...नेपाली प्रजातंत्र जिंदाबाद...डॉक्टर कुलदीप झा–ट्रठाँय ! सलाम–लाल सलाम !!... ट्रठाँय !... सलाम... ट्रठाँय !!

नौ

"...समाचार आप प्रजातंत्र नेपाल रेडियो से सुन रहे हैं। मोहन शमशेर के दोनों विशेष दूत, आज दिल्ली से काठमांडो वापस हो गए। जानकार सूत्रों का कहना है कि भारत सरकार ने मोहन शमशेर की समझौतावार्त्ता की शर्तों को नामंजूर कर दिया है और साथ ही इस बात पर बल दिया है कि भारत श्री-5 महाराजाधिराज त्रिभुवन को नेपाल का महाराजाधिराज मानता है...आज के विशेष समाचार फिर एक बार सुन लीजिए—ईलाम पर, मुक्तिसेना ने बिना एक बूँद रक्त बहाए कब्जा कर लिया है, भोजपुर-खटांग में घमासान लड़ाई चल रही है... लीजिए, अभी-अभी खबर मिली है कि भोजपुर-खटांग के सरकारी भवन पर मुक्ति-सैनिकों ने विजय का झंडा फहरा दिया है..."

प्रजातंत्र नेपाल रेडियो से प्रतिदिन तीन बार—सुबह, दोपहर और शाम की सभाओं में समाचार प्रसारित किए जाते हैं। समाचार के अलावा गीत, लोकगीत, रिपोर्ताज और एकांकी। सभी प्रसारणों का मूल वक्तव्य—'नेपाल में सदियों से छाए अंधकार को दूर कर—नया सूरज नया विहान ला रहा है।'

किंतु विराटनगर का अडिग और अजेय दुर्ग इन सारी बातों को झुठलाता हुआ नित्य नरसंहार कर रहा है। इसलिए झापा, ईलाम और भोजपुर-अंचलों के उत्साहवर्धक समाचारों पर जनता अविश्वास-सा करने लगी है। मुक्ति-सैनिकों के मनोबल भी डाँवाँडोल हो रहे हैं। और सबसे बड़ी और 'टॉप सीक्रेट' बात—यदि एक-दो दिन में विराटनगर किले का पतन नहीं हुआ तो मुक्तिसेना के समक्ष एक भीषण और चरम संकटपूर्ण समस्या उपस्थित हो जाएगी अर्थात् मुक्तिसेना का गोला-बारूद और बुलेट का भंडार

करीब-करीब खाली हो चुका है। तब क्या होगा ? सिर्फ प्रेरणादायक राष्ट्रीय गीतों और रक्त को उबालनेवाले रिपोर्ताज से राणाशाही फौज की दुर्वार गति को रोका तो नहीं जा सकता ?

भट भट भट भट भट...??

पूरनसिंह तथा उसके साथियों ने कैटरपिलर बुलडोजर को सचमुच टैंक में कनवर्ट कर दिया है। वे इस लौह-दानव को चला-फिराकर 'ट्रायल' ले रहे हैं। लोहे के चद्दरों से मंडित, ब्रेनगन से सुसज्जित। पूरनसिंह ब्रेनगन की चरखी को घुमा-फिराकर विभिन्न कोण में निशाना लेकर देखता है–"कमांडर याकथुंबा–यह रहा आपका टैंक !"

आश्चर्य ! दोपहर की सभा में प्रसारण के लिए, उत्तमविक्रम राणा के नाम, ईस्टर्न कमांड की फिर एक अपील ? अपील नहीं, अंतिम चेतावनी–"अब जनि दोष देहु मोहि लोगू... ।"

और इस अंतिम चेतावनी का जवाब उत्तमविक्रम की सेना ने मोर्टार के गोलों से दिया–

'मिले न कबहुँ सुभट रण गाढ़े... ।'

23 दिसंबर के सुनहले दिन का तीसरा पहर। मुक्तिसेना के बैरकों में मानो नई जिंदगी दौड़ गई है। रिजर्व के जवान भी तैयार हो रहे हैं। चारों ओर सरगर्मी, उत्तेजना की लहरें !! ट्रकों में लदकर मुक्तिवाहिनी के योद्धा... विराटनगर मोर्चे की ओर चले और ट्रकों के पीछे-पीछे तमाशबीन निहत्थी जनता। कमांडर के सामने नई समस्या–"नहीं, नहीं। पब्लिक को रोको। एकदम रोको।"

पिकेट पर तैनात मुक्तिसेना के जवान मुस्तैदी से सड़कों पर घेरा डालकर अड़ गए। अबूझ जनता को नेपाली कांग्रेस के स्वयंसेवक समझा रहे हैं। किंतु जनता अपनी सेना के साथ मार्च करना चाहती है–"भाइयो ! फौजियों की जययात्रा में कोई बाधा न पड़े–कोई अमंगल घटना न घटे–इसलिए आपसे अनुरोध है, आप विराटनगर की ओर एक कदम भी आगे न

बढ़ावें...''

अगले मोर्चे पर कमांडर याकथुंबा और सी. बी. सुब्बा ने मिलकर 'आखिरी हमले' की सारी तैयारी कर ली है। ड्राइवरों का सरदार गौरमणि, टैंक के 'पिट' में बैठा हुआ मुसकरा रहा है। मुक्तिसेना के जवानों को कई कालमों में बाँट दिया गया है। सभी ईस्टर्न कमांड के चीफ वी. पी. के आने की प्रतीक्षा कर रहे हैं।

ईस्टर्न कमांड के चीफ की पार्टी आई। याकथुंबा ने आगे बढ़कर स्वागत किया—''सब, ठीक-ठाक—तैयार है। हुक्म हो।''

कमांडर ने सबसे पहले टैंकचालक गौरमणि को संकेत किया—स्टार्ट !

भटटटटट-टट-टट-भट-भट...!

मार्च !!

भटभटभटभटभट...!

लोहे का विशाल-कच्छप सचल हुआ।

यंत्रदानव धरती को कँपाता हुआ आगे बढ़ा। इसके पीछे-पीछे मार्च करती—कवर फाइरिंग देती हुई—मुक्तिसेना। सामने से मार करती हुई राणाशाही गोलियाँ। गोलियाँ टैंक पर सशब्द बरस रही हैं—भट-भट-भट—ट्ठाँय-ट्ठाँय-धाँय-टटटटटट-भटभटभट-ठाँय-ठाँस—नरपति गिरा। उसको ट्रेंच में ले जाओ—ठाँय-ठाँय—जय नेपाल—आह !! भटभटभटभट—धाँय-धाँय—जय माँ काली—टटटटट घायलों को ट्रेंच में ले जाओ—धाँय-धाँय—भटभटभट भट भट—ट्ठाँय-ट्ठाँय—जय नेपाल—भटभटभट—भटभट-धड़धड़धड़ाम— अर-र-र गिरी-गिरी दीवार धड़धड़ाम—टूट गई दीवार किले की—जय हो—भटभटभटभट...

किले की दीवार के टूटने के बाद का आँखोंदेखा हाल प्रजातंत्र नेपाल रेडियो की तीसरी सभा में प्रसारित हो रहा है, पी. आर. ओ. के शब्दों में—''दीवार अरराकर टूट गई है और मुक्तिवाहिनी का टैंक गर्जन करता हुआ किले के अंदर प्रवेश कर गया है—अब सिर्फ मुक्तिसेना की गोलियाँ बोल रही हैं—भीषण कलरव—कोलाहल, जयध्वनि—मैं देख रहा हूँ, अंदर की दीवार यानी पूरब की दीवार को फलाँगकर राणा के सैनिक भागना चाहते हैं, लेकिन वे एक-एक कर नीचे गिर रहे हैं—मुक्तिसेना के जवान क्रोध में पागल हो गए हैं—सफेद झंडा दिखलाकर फायरिंग करने का मजा

वे अच्छी तरह चखा देना चाहते हैं, दुश्मन को। अब मैं भी किले के अंदर पहुँच चुका हूँ—वी. पी. दौड़कर उत्तमविक्रम के निवास की ओर जा रहे हैं—मुक्तिसेना के जवान एक लाश को घसीटकर ले आए हैं—यह शायद—शायद—हाँ, यह उत्तमविक्रम के तीसरे पुत्र सुदर्शन शमशेर की लाश है—मुक्तिसेना के जवानों को मालूम है कि सफेद झंडा फहराकर वी. पी. पर गोली चलाने का आदेश सुदर्शन शमशेर ने ही दिया था, इसलिए मुक्तिसेना के जवानों ने कसमें खाई हैं—"रगत खानछू—रक्त पीऊँगा उसका"—और, और... वे सचमुच रक्त पी रहे हैं, किलक-किलककर—एक नारकीय दृश्य—चारों ओर,—दुर्गंध-दुर्गंध—कोलाहल—आर्तनाद, जयध्वनि—गोलियों और संगीनों की मार—ट्ठाँय—खच्च-खच्च !! ठाँय-ठाँय—"नो नो नो !!"

वी. पी. अपनी दोनों भुजाओं को पसारकर उत्तमविक्रम के दरवाजे के पास—राह छेंककर खड़े हो गए हैं—"स्टाप फाइरिंग !" किंतु मुक्ति-योद्धाओं को उत्तमविक्रम की गरदन चाहिए। याकथुंबा और सी. बी. सुब्बा जवानों को सँभाल रहे हैं। नेपाली कांग्रेस के स्वयंसेवक अब विजय के नारे लगाने लगे। उत्तेजना तनिक मंद हुई है। और आत्मसमर्पण की मुद्रा में—दोनों हाथों को ऊपर की ओर उठाए—दुश्मन के जवानों को उन्होंने कतार में पंक्तिबद्ध खड़ा कर दिया है। मुक्तिसेना के जवान उनके फेंके हुए हथियार बटोर रहे हैं—राणा के मशीनगनचालक की गरदन धड़ से अलग करके—फुटबॉल की तरह पाँव से लुढ़का रहे हैं और उन्हें रह-रहकर जब उत्तमविक्रम के अमानुषिक कुकृत्यों की याद आती है तो वे कर्नल के बँगले की ओर जाना चाहते हैं...वी. पी. कर्नल उत्तमविक्रम के रोते हुए पोते-पोतियों को चुप करा रहे हैं—मुँह में उँगली डालकर रोता हुआ एक शिशु—जिसकी घिग्घी बँध गई है रोते-रोते—उत्तमविक्रम पत्थर की मूर्ति की तरह खड़ा है—उसको घेरकर खड़ी कई महिलाएँ—दुहाई माँगतीं, बिलखतीं, रोतीं...। वी. पी. कहते हैं—"कर्नल साहब, अब आप सपरिवार मुक्तिसेना के बंदी हैं, घबराइए मत। नहीं-नहीं—अब कोई गोली नहीं चलाएगा—आपके दोनों पुत्र घायल हुए हैं—मामूली चोट है—नहीं-नहीं—आप यकीन करें—आपको फिलहाल कोई गोली नहीं मारेगा, शांत होइए—इन्हें पानी पिलाइए, बच्चों को भी..."

पानी पीते समय भी उत्तमविक्रम की आँखें वी. पी. पर टँगी रहीं—उसे विश्वास ही नहीं हो रहा था कि उसकी जान... । लेकिन जब वी. पी. स्वयं एक रोते हुए बालक को गोद में लेकर चुप कराने लगे तब उत्तमविक्रम की पथराई हुई-सी आँखों में पानी छलछला आया और उसने प्रलाप शुरू किया—"आप देवता हैं, मनुष्य नहीं—मैं देवहत्या-ब्रह्महत्या करनेवाला—मुझे मत माफ कीजिए—वी. पी., वी. पी. आप सचमुच नेपाल की जनता के नेता...युग-युग जीएँ आप...!"

दस

शेष हुआ—विराटनगर का यह मृत्युयज्ञ !

अपने प्राणों की आहुतियाँ डालकर जिन योद्धाओं ने इसे सफल और संपन्न किया—उनके नाम इतिहास के पृष्ठों पर कभी नहीं लिखे जाएँगे। वे सदा अनाम रह जाएँगे। किंतु मुक्ति नेपाल में जब कभी 'स्वाधीनता दिवस' या 'प्रजातंत्र दिवस' का उत्सव होगा—आकाश-पाताल में उनकी मृत्युंजय वाणी गूँजती रहेगी—"जय नेपाल ! जय नेपाली प्रजातंत्र !!"

विराटनगर-विजय के बाद मुक्तिवाहिनी की अग्रगामी टुकड़ियों ने धरान और धनकुट्टा की ओर सम्मिलित शक्ति और दूने उत्साह के साथ कूच किया। इन योद्धाओं की जययात्रा के अवसर पर प्रजातंत्र नेपाल रेडियो से एक चेतावनी प्रसारित हो रही है—धरान और धनकुट्टा के राणा शासकों के नाम—"मुक्तिसेना धरान और धनकुट्टा की ओर मार्च कर चुकी है। अब भी पाँच-सात घंटे का समय है। इसी बीच आप ठंडे दिल और दिमाग से अंतिम फैसला कर लें। अगर कर्नल उत्तमविक्रम ने हमारी चेतावनियों पर गंभीरतापूर्वक ध्यान दिया होता तो कम-से-कम डेढ़-दो सौ नेपाली जवान—दोनों पक्षों के—आज नेपाल की मुक्ति धरती पर जीवित हँसते-गाते होते। वे आज विराटनगर और मोरंग जिले के नर-नारियों के साथ विजय उत्सव मनाते होते। किंतु राणाशाही हठधर्मी के कारण आज उनकी लावारिस लाशें...अगर अपने अंचल के सैकड़ों अबोध नेपालियों को मौत के मुँह में नहीं झोंकना चाहते तो आपसे यह अंतिम और सविनय अनुरोध है कि आप आत्मसमर्पण की भावना से आगे बढ़कर—मुक्तिहृदय और रिक्तहस्त—नेपाली कांग्रेस के जयघोष के साथ मुक्तिसेना का स्वागत

करें...!"

तीन बजे भोर को चीफ ऑपरेटर लामा खुशी से नाचता-उछलता, चुटकियाँ बजाता–मुँह से सीटी 'सिसकारता' हुआ आया–"धरान-धनकुट्टा-आ-आ-आ-आगि बढ़दा-बढ़दै हाम्रो विजय भये को–हो साथि हो–धरान-धनकुट्टा सरेंडर्ड...साथी यो विजय साचे भन्ने भए, सरासर प्रजातंत्र नेपाल रेडियो ले छोड़े को 'शब्दबाण' बाट ने...!!"

चीफ ऑपरेटर लामा ही नहीं, ईस्टर्न कमांड के चीफ वी. पी. ने भी हँसकर स्वीकार किया–"हाँ, धरान और धनकुट्टा विजय का श्रेय प्रजातंत्र नेपाल रेडियो को ही देना होगा...दिनु पछे..."

विराटनगर-पतन और धरान-धनकुट्टा के आत्मसमर्पण के साथ ही मुक्ति-संग्राम के 'अंतिम पर्व' का आयोजन शुरू हुआ। प्रजातंत्र नेपाल रेडियो से घोषणा की जाने लगी–"विजयी मुक्तिसेना अब काठमांडो की ओर बढ़ रही है। कुसहा घाट के मोर्चे से भागनेवाले राणा-सैनिकों में अधिकांश तराई की जनता के द्वारा पकड़ लिये गए हैं...!"

रेडियो स्टेशन के प्रतीक्षालय में अब उम्मीदवार कलाकारों की भीड़ लगी रहती है। रेडियो से अब सिर्फ 'जुझाऊ गीत' ही नहीं, चाँद-तारे, पहाड़-झरने और प्रेम के गीत भी प्रसारित किए जाते हैं। प्रथम प्रसारण के दिन चिराग लेकर ढूँढ़ने पर भी आश्रय-प्रार्थियों के कैंप में कोई कलाकार नहीं मिला था। अब ऐसा लगता है, प्रत्येक परिवार में एक या एकाधिक गुणी गायक अथवा वादक अवश्य हैं। सितार, सारंगी, हारमोनियम, बाँसुरी, क्लेरियोनेट, तबला, ढोलक और 'घटम' (घड़ा) बजानेवालों के आवेदन पत्र नित्य प्राप्त हो रहे हैं। शास्त्रीय और सुगम संगीत गानेवाले कलाकार तारिणी और पी. आर. ओ. को हमेशा घेरे रहते हैं। तारिणी कहता है–"अभी हमें दुर्गा या जयजयवंती अथवा ठुमरी-दादरा नहीं–विशुद्ध लोकगीत चाहिए, नेपाली जनजीवन के 'असल' गीत। 'भयाउरे' गानेवालों की जरूरत है हमें–फिल्मी धुन की नकल नहीं चलेगी...!"

नेपाली, नेवारी, हिंदी और अंग्रेजी में समाचार बुलेटिन पढ़ने के लिए और भी कई सुकंठ उद्घोषकों की नियुक्तियाँ हुई हैं। सब मिलाकर

पंद्रह-बीस स्त्री-पुरुष 'स्टाफ आर्टिस्ट' के रूप में काम कर रहे हैं और अब कई सप्ताह पहले ही प्रसारित होनेवाले प्रोग्राम का 'शिड्यूल' बना लिया जाता है। समय की पाबंदी पर पूरा ध्यान दिया जाता है। रेडियोवाले सदा गाने-बजाने और रिहर्सल में व्यस्त रहते हैं। इसीलिए हिंदी समाचार बुलेटिन पढ़ने के लिए, सोशलिस्ट कैंप के एक साहित्यिक साथी 'निर्झर' की नियुक्ति हुई तो सबसे ऊबे हुए और सदा सभी पर कुढ़ते रहनेवाले एक कामरेड ने व्यंग्य किया था—"आप लोग तकदीर के सिकंदर हैं। जिनको मरना था, मर गए। अब आप लोग मौज कीजिए। जाइए, रेडियो में 'बन की चिड़िया बन-बन बोलूँ रे' दोगाना गाइए...!!"

जब तक लड़ाई चल रही थी, किसी विभाग के किसी कोने में भी सद्भाव, सहयोग और भाईचारे का अभाव नहीं दीखता था। सभी मानो एक नशे में मस्त थे। किंतु युद्ध की गति मंद होते ही मनोमालिन्य, ईर्ष्या, द्वेष और स्वार्थपरता के लक्षण प्रकट होने लगे हैं। एक नए किस्म का 'बोरडम' चतुर्दिक व्याप्त हो रहा है, धीरे-धीरे। आठ-दस हजार मजदूर अब अपने को सचमुच बेकार समझने लगे। अतः नेपाली कांग्रेस के सभापति ने तात्कालिक समस्याओं पर विचार-विमर्श करने के लिए आवश्यक बैठक बुलाई है।

उधर मोहन शमशेर समझौते के लिए फिर दिल्ली का दरवाजा खटखटा रहा है। नेपाल के 'परराष्ट्र विभाग' के मंत्री को दिल्ली भेजा गया है !!

"समझौता ? कैसा समझौता ? किसके साथ समझौता ?"

"सैकड़ों नेपाली नौजवानों की कुर्बानियों के बाद, देश के एक-तिहाई से अधिक भू-भाग को मुक्ति करने के बाद समझौता शब्द का उच्चारण भी करनेवाला देशद्रोही समझा जाएगा।"

नेपाली कांग्रेस के सभापति ने सदस्यों का ध्यान अफवाहों से हटाकर उपस्थित तात्कालिक समस्याओं की ओर आकर्षित किया—"आप विश्वास करें—नेपाली कांग्रेस ऐसा कोई कदम नहीं उठाएगी जो जनमत विरोधी हो...अभी हमारे सामने—'लिबरेटेड एरिया' में 'लॉ एंड ऑर्डर' कायम करने का अहम सवाल है। दस-पंद्रह हजार मजदूरों की रोटी-रोजी की व्यवस्था करना, शहर और गाँवों के अस्त-व्यस्त जीवन को फिर व्यवस्थित करना हमारा पहला कर्तव्य है... !"

"अब हाम्रो घर तिर फरकने बेला आयो !... अब हमारे घर लौटने का समय आ गया।" आश्रय-प्रार्थियों के मुहल्ले में रह-रहकर सम्मिलित हँसी और किलकारियाँ गूँज जाती हैं।

नागरिक सुरक्षा समिति के कार्यकर्ता फिर सक्रिय हुए। ट्रकों, जीपों और बैलगाड़ियों पर फिर सामान लादे जाने लगे। लोगों के उत्साह का अंत नहीं। अब वे अपने-अपने घरों को वापस जा रहे हैं। एक 'बस' के मुरेड़ पर—बक्स-बिस्तर-पिटारियों के बीच बैठा एक नेपाली--अपने पालतू बंदर को कंधे पर बिठाकर गा रहा है—"हम मेहमाँ हैं अब अपने घर जाएँगे—घर जाएँगे, हाँ जी घर जाएँगे..."

मिलेटरी गवर्नर ने सभी मिलों के मालिकों के नाम नोटिस जारी किए हैं—"एक सप्ताह के अंदर कल-कारखानों को चालू कर दें। जो उद्योगपति इस आदेश का पालन नहीं करेंगे, उनके मिलों को सामयिक सरकार अपने हाथ में ले लेगी और उन्हें चलाने की व्यवस्था करेगी...।"

ग्राम पंचायत के आरंभिक और मूल सिद्धांतों पर विचार करने के लिए मोरंग जिला नेपाली कांग्रेस की विशेष बैठक बुलाई गई है। नागरिक सुरक्षा समिति के दो प्रमुख अधिकारी शिवहरि और विश्वबंधु की सम्मिलित राय है—"ग्राम पंचायत ट्रेनिंग कैंप चलाने की व्यवस्था शीघ्र की जाए और प्रशिक्षित कार्यकर्ताओं को ही ग्राम पंचायत के संगठन के लिए गाँवों में भेजा जाए।"

ग्राम पंचायत ट्रेनिंग कैंप में 'ट्रेनिंग' देने का दायित्व 'सोशलिस्ट रेजिमेंट' के नरसिंह मंडल पर पड़ा है। उसने बाजाब्ता ट्रेनिंग ली है—ग्राम पंचायत संगठनकर्ता की। अपने मन का काम पाकर नरसिंह मंडल का सदाप्रसन्न मुखड़ा अब और भी चमकने लगा है। वह अपने दल-बल के साथ मोरंग जिले के दूर गाँवों की ओर—'जनसंपर्क अभियान' में जा रहा है। सोशलिस्ट कैंप के सदा कुपित-कुंठित और कुढ़े हुए एक कामरेड ने फिर व्यंग्य किया—"आप भी तकदीर के सिकंदर हैं। जाइए, मौज कीजिए !"

उधर नेपाली कांग्रेस के खेमे में शिवजंग राणा का व्यक्तिगत असंतोष दिन-प्रतिदिन बढ़ता जा रहा है। तुरंत उत्तेजित होकर कुछ कर गुजरनेवाला यह राणा-संतान आजकल सदा असंतुष्ट रहता है। बात-बात में व्यंग्य और आक्षेप करने की आदत बढ़ गई है... सामयिक सरकार का जेल और पुलिस

विभाग उसके पिता के जिम्मे था। किंतु उस दिन बंदी उत्तमविक्रम राणा के कमरे के पास भावुक 'बाबू साहेब' (राणा के लिए व्यवहार किया जानेवाला आदरसूचक शब्द) का हृदय उमड़ आया--"एक राणा-संतान अपने ही भाई राणा को कालकोठरी में बंद कर ताला लगावे...विधि को यो कस्तो विडंबना ?" वे खिड़की से सिर सटाकर रोने लगे, फूट-फूटकर और खबर पाते ही मिलेटरी गवर्नर ने उन्हें तत्काल जेल तथा पुलिस विभाग के दायित्व से मुक्त कर दिया है। बाबू साहेब का पुत्र शिवजंग नाराज है। उसकी नाराजगी के बहुत सारे कारण उसके पास जमा हो गए हैं। किंतु मुख्य कारण है वी. पी. के द्वारा उसके व्यक्तित्व और महत्त्व की अवहेलना, उसके प्रति 'हाई कमांड' की उपेक्षा का भाव तथा शिवहरि और विश्वबंधु से अधिक लगाव—उन पर अधिक विश्वास...!

अचानक एक आवश्यक संवाद पाकर सभी शीर्षस्थ नेताओं ने दिल्ली के लिए प्रस्थान कर दिया है। फिर एक बार समझौते की संभावनाओं और समझौते के विरोध में बातें शुरू हो गई हैं—और बहस के सिलसिले में बात बढ़कर भारतीय राजनेताओं के विरुद्ध कटु आलोचना का रूप भी ले लेती है। हर वर्ग के लोग अपनी-अपनी बुद्धि और विचार के अनुसार अपनी राय प्रकट करते हैं... असिस्टेंट वायरलेस ऑपरेटर नेत्र बहादुर गुरुंग ताश खेलता हुआ कहता है—"यो अब 'ट्वेंटी नाइन' को खेला शुरू भए को झन्न... इंडिया के हाथ में अभी रंग का 'रायल पेयर' मतलब किंग और क्वीन की जोड़ी है। नेपाल कांग्रेस और राणाशाही—दोनों को वह जब चाहे तब दे सकता है। विरोध किया कि 'रायल पेयर' दिखलाया—हा-हा-हा-हा !!"

युद्धभूमि से समझौते के टेबुल पर पहुँचकर नेपाली कांग्रेस के नेताओं ने गलत किया या सही—यह सदा विवाद का विषय बना रहेगा। किंतु नेपाल क्रांति में विराटनगर ने अपनी शानदार और प्रमुख भूमिका का जिस बहादुरी से निर्वाह किया उसको सभी स्वीकार करेंगे। अविस्मरणीय रहेगा विराटनगर का अवदान...!!

ग्यारह

पिछले तीस वर्षों से नेपाल की राजनीति में सैकड़ों तीखे मोड़ आए हैं और पिछले बीस वर्षों से—हर ऐसे मोड़ पर—पी. आर. ओ. अपनी पुरानी डायरी के कई पृष्ठों को खोलकर फिर से पढ़ लिया करता है और हाशिए पर कुछ लिख दिया करता है :

"17 फरवरी, शनिवार, 1951

"हो गया समझौता ! मोहन शमशेर प्रधानमंत्री होंगे और बी. पी. डिप्टी प्राइममिनिस्टर ! बबर शमशेर (राणा पक्ष) रक्षामंत्री और सुवर्ण शमशेर (ने. का.) अर्थमंत्री...

"लोग जो भी कहें—मैं इसे असमाप्त क्रांति ही कहूँगा, असफल नहीं।"

"आज शिवजंग ने अचानक विद्रोह कर दिया। सशस्त्र सैनिकों के एक दस्ते को लेकर उसने काटन मिल एरिया पर धावा बोल दिया। 'निर्झर' ने हिंदी समाचार बुलेटिन पढ़कर समाप्त किया और मैं मिलेटरी गवर्नर के आदेश का प्रसारण कर ही रहा था कि बिजली गुल हो गई। इमरजेंसी डाइनेमो चलाने की व्यवस्था हो रही थी कि शिवजंग ने अपने विद्रोही सिपाहियों को लेकर रेडियो स्टेशन को घेर लिया। 'निर्झर' ने तुतलाकर अंगिका बोली में कहा—बरगाँही शिवजंगा पगलाय गेलछै ! 'निर्झर' की बात सुनकर वैसी घड़ी में भी हँसी आ गई। शिवजंग हाथ में रिवाल्वर लेकर चिल्लाता हुआ आया—हैंड्स अप ! एवरीबडी हीयर आर कैप्चर्ड—हैंड्स अप !"

रेडियो स्टेशन के बगल में ही नजरबंदों के एक कमरे से मनमोहन अधिकारी चिल्ला रहा है—"किल दीज़ इंडियंस—पहले इन 'मधेसिया

मूजियों' को खत्म करो।''

हम सभी हाथ ऊपर की ओर उठाए खड़े रहे। शिवजंग ने गुर्राकर पूछा—''ह्वेर इज़ योर टामीगन ?''

मैंने जवाब दिया—''मैंने कल ही मालखाना में जमा कर दिया है।''

शिवजंग रेडियो स्टेशन की तलाशी लेने के लिए अपने सशस्त्र साथियों के साथ अंदर गया। बाहर चारों ओर भगदड़, कोलाहल और बीच-बीच में फाइरिंग की आवाज। 'निर्झर' मुझसे सटकर खड़ा है और अपने गाँव की मीठी बोली में कुनमुनाकर मुझसे कह रहा है—''हे रे भैया ! एकर मुख पर जवाब मत देवै—खिसियैलो छौ... (भाई रे ! इसके मुँह पर जवाब मत दो, गुस्से से पागल हो रहा है। गोली मार देगा पगला !)''

शिवजंग ने बाहर निकलकर फिर रिवाल्वर तानते हुए कहा—''एवरीबडी कैप्चर्ड ! —हम समझौता नहीं मानता है। हम मोहन शमशेर के साथ मिलकर गवर्नमेंट बनानेवालों को खत्म कर देंगे...''

''लेकिन हम मोहन शमशेर के साथ मिलकर सरकार नहीं बना रहे।''—मैंने बहुत साहस बटोरकर कहा। 'निर्झर' उस समय भी कुनमुना रहा था—''हे रे भैया, बरगाँही कर मुख पर जवाब मत दहैं। गोली मारी देतौ रे !''

''हैंड्स अप !''—याकथुंबा अपने जवानों के साथ आया। उसको देखते ही विद्रोही सिपाहियों ने हथियार रखकर आत्मसमर्पण कर दिया। याकथुंबा ने फुरती से शिवजंग के हाथ से रिवाल्वर छीनकर कहा—''यों बोलाहे लाई कैप्चर गर !''

मिलेटरी गवर्नर के पास पहुँचकर शिवजंग ने अपनी गलती कबूल करके माफी माँग ली है। सुना, अगर याकथुंबा समय पर नहीं आ जाते तो आज शिवजंग कई लोगों को मार डालता, निश्चय ही।

जान बची, लाखों पाए। लेकिन घर का बुद्धू अभी लौटकर नहीं जा रहा। आदेश आया है—शपथ ग्रहण करने के दिन प्रजातंत्र नेपाल रेडियो का कोई प्रतिनिधि काठमांडो में उपस्थित रहे। किंतु मैं नहीं जाऊँगा : मैं वी. पी. को डिप्टी प्राइममिनिस्टर के रूप में—सो भी, मोहन शमशेर के प्रधानमंत्रित्व में—नहीं देखना चाहता। इसकी कल्पना भी हमने नहीं की

थी। उधर के. आई. सिंह ने उस समझौते के खिलाफ अपनी आवाज उठाई है। पूरब, भद्रपुर में भैरवप्रसाद उपाध्याय ने भी लड़ाई बंद करने के हुक्म को अमान्य कर दिया है। बार-बार नेत्रबहादुर गुरुंग की बात कान के पास गूँज जाती है—"इंडिया के हाथ में रायल पेयर हैं...!!"

21 फरवरी, बुधवार।

पूर्णिया जिला सोशलिस्ट पार्टी के जनरल सेक्रेटरी नरसिंहनारायण सिंह ने सभी सोशलिस्टों को नेपाल से वापस आने का आदेश दिया है। अच्छा किया है उन्होंने। ग्राम पंचायत के लिए मोरंग के गाँवों में गए हुए कुछ समाजवादी भाइयों ने सचमुच में मौज करना शुरू कर दिया है। नरसिंह मंडल ने उनके खिलाफ कार्रवाई की, तो उन्होंने नरसिंह मंडल को ही जान से मार डालने की धमकी दी है। मुझे विश्वास नहीं हो रहा कि वे कामरेड जनरल सेक्रेटरी के आदेश का पालन करेंगे। आठ वर्ष की उम्र से ही मैं नेपाल की धरती पर पला हूँ। नेपाली कितने 'टची' (स्पर्श कातर) होते हैं, जानता हूँ। यह भी जानता हूँ कि नेपाल की आम जनता के दिल में भारत और भारतीय के प्रति तनिक 'खटखटापन' सदा से रहता आया है। भारतीय उन्हें हेय दृष्टि से देखते हैं। उनके आर्थिक और राजनीतिक पिछड़ेपन को असहानुभूतिपूर्ण दृष्टि से देखते हैं। विराटनगर के भारतीय उद्योगपतियों ने अपने व्यवहार से इस 'खटास' को और भी बढ़ाया है। नेपाल में पिछले कई दशक से कारोबार करनेवाले भारतीय उद्योगपतियों का भागा हुआ दल—मिलेटरी गवर्नर के आदेश पर वापस आ गया है और इस बार वे काँटे से ही काँटे को निकालने की चेष्टा कर रहे हैं। उन्होंने प्रत्येक सोशलिस्ट के विरुद्ध गुप्तरूप से प्रचार करवाना शुरू कर दिया है। वे नेपाली कांग्रेस के कार्यकर्ताओं की आवभगत करते हैं और उन्हें सदा सतर्क करते रहते हैं—भारतीय राजनीतिक कार्यकर्ताओं के संसर्ग से अपनी पार्टी को दूर रखिए, नहीं तो उधर के सारे रोग ला करके वे इधर भी फैला देंगे। बात बिगड़ने के पहले ही हमें यहाँ से चल देना चाहिए।

4 मार्च, रविवार।

दो महीना पहले शोकाकुल अवस्था में सांदाज्यु (वी. पी.) का पत्र मिला था—"तुम्हारे पिताजी और छोटे भाई की मृत्यु एक ही पखवाड़े में हुई और इस दोहरे दुख को तुम झेल रहे हो, मालूम हुआ। तुम्हारे दुख को अनुभव कर रहा हूँ। किंतु इस तरह शोक में डूबे रहने से कैसे काम चलेगा ? फिर इससे कोई लाभ भी तो नहीं। अभी तो न जाने ऐसे कितने शोक-संवाद मिलेंगे—यहाँ आकर देखो—कितने लोग मरने के लिए आए हुए हैं। इस वर्ष का अंत होते-होते तक पता नहीं तुमको और कितने प्रियजनों की मृत्यु के समाचार सुनने और सहने को मिलें। पत्र पाते ही यहाँ आ जाओ। एक बार यहाँ आओ तो सही। फिर न हो तो, वापस चले जाना। तुम्हारा, सांदाज्यु।"

आज विराटनगर छोड़ने के पहले सांदाज्यु के नाम एक पत्र लिखकर जाना चाहता हूँ—"सांदाज्यु ! आपसे अनुमति मिले बिना वापस जा रहा हूँ। क्षमा करेंगे।"

लेकिन, नहीं लिखूँगा। यों, लिखने को एक महत्त्वपूर्ण पत्र भारत के प्रधानमंत्री के नाम भी लिखना चाहता हूँ—"प्रधानमंत्रीजी ! पिछले कई सप्ताह से काठमांडो स्थित भारतीय दूतावास में वायरलेस पर होनेवाली बातचीत को हम इंटरसेप्ट कर रहे हैं। एक आवाज—फटी-फटी-सी आवाज को हमने पहचान लिया है। यह निश्चय ही हमारे राजदूत महोदय की है। बिहारी होने के कारण हम बिहार के खूसट जमींदारों की बोली और मुहावरों को अच्छी तरह समझते हैं। अपने को 'किंग मेकर' और 'किंग्स केयरटेकर' माननेवाले इस महानुभाव के तेवर कुटिल और बोली कर्कश सुनाई पड़ने लगी है। भारतीय राजदूत के रूप में नेपाल की सीमा से सटे हुए इलाके के इस 'सर' की सारी बिरादरी और भाई-भतीजे नेपाली जनता के भाग्यविधाता बन बैठे हैं। यह फटी हुई आवाज बहुत शीघ्र ही नेपाल में भारत विरोधी स्वर को तीव्र कर देगी। महाराजाधिराज को सकुशल देश से बाहर भगा ले जाने और वापस लाने के बाद हमारे राजदूत महोदय अपने को ही 'महाराजाधिराज' मान बैठे हैं। वह नेपाल की जनता और नेपाल के नेताओं का पग-पग पर अपमान करने को प्रस्तुत रहते हैं। उनको गलतफहमी हो गई है कि नेपाल बिहार का एक जिला मात्र है...क्या आप

भी यही समझते हैं ?...महोदय, किसी नौकरशाह अथवा 'सर' या 'रायबहादुर' को नहीं—किसी विशालहृदय, उदार व्यक्तित्व को नेपाल के राजदूत के पद पर..."

लेकिन मैं किसी को पत्र नहीं लिखूँगा। सिर्फ नेपाल को संबोधित कर नमस्कार कर लूँ—"नेपाल मेरी सानो-आमाँ...नेपाल मेरी मौसी अम्मा, मेरा नमस्कार ग्रहण करो।"

भारत-नेपाल सीमा पर सोए हुए प्रहरी साथी कुलदीप झा को 'लाल सलाम' करके कहता हूँ—"अच्छा तो डॉक्टर साहब, हम चले। आप देखते रहना—भारत-नेपाल मैत्री का पौधा सूख न जाए : इसे कोई जानवर ठूँठ न कर दे...।"

"और तारापद बाबू ?—बलून ना—आपनार माँ के गिए की बोले दिब ?"...क्या कहूँगा आपकी माँ से ?"

●●●